校园辅导员工作丛书

# 教师如何帮助孩子爱上学习

本书编写组 ◎ 编

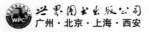

世界图书出版公司

广州·北京·上海·西安

图书在版编目（CIP）数据

教师如何帮助孩子爱上学习／《教师如何帮助孩子爱上学习》编写组编．—广州：世界图书出版广东有限公司，2011.3（2024.2重印）

ISBN 978－7－5100－3348－3

Ⅰ．①教… Ⅱ．①教… Ⅲ．①青少年–学习心理学–研究 Ⅳ．①G442

中国版本图书馆 CIP 数据核字（2011）第 036096 号

| | |
|---|---|
| 书　　名 | 教师如何帮助孩子爱上学习 |
| | JIAOSHI RUHE BANGZHU HAIZI AISHANG XUEXI |
| 编　　者 | 《教师如何帮助孩子爱上学习》编写组 |
| 责任编辑 | 冯彦庄 |
| 装帧设计 | 三棵树设计工作组 |
| 出版发行 | 世界图书出版有限公司　世界图书出版广东有限公司 |
| 地　　址 | 广州市海珠区新港西路大江冲 25 号 |
| 邮　　编 | 510300 |
| 电　　话 | 020-84452179 |
| 网　　址 | http://www.gdst.com.cn |
| 邮　　箱 | wpc_gdst@163.com |
| 经　　销 | 新华书店 |
| 印　　刷 | 唐山富达印务有限公司 |
| 开　　本 | 787mm×1092mm　1/16 |
| 印　　张 | 11.75 |
| 字　　数 | 160 千字 |
| 版　　次 | 2011 年 3 月第 1 版　2024 年 2 月第 4 次印刷 |
| 国际书号 | ISBN　978-7-5100-3348-3 |
| 定　　价 | 59.80 元 |

# "校园辅导员工作" 丛书编委会

## 主 编

王利群　　解放军装甲兵工程学院心理学教授
周作宇　　北京师范大学教授、教育学部部长

## 编 委

马世晔　　中华人民共和国教育部考试中心
殷小川　　首都体育学院心理教研室教授
肖海雁　　山西大同大学心理系主任，教授
李功毅　　《中国教育报》副总编
王增昌　　《中国教育报》高级编辑
张彦杰　　北京市教育考试院
魏　红　　北京师范大学教务处
刘永明　　北京师范大学继续教育与教师培训学院 副研究员
刘艳茹　　北京市顺义区教育研究考试中心，中学高级教师
刘维良　　北京教育学院教育学教授
杨树山　　中国教师研修网执行总编
张兴成　　西南大学（原西南师范大学）副教授
南秀全　　湖北黄冈特级教师
方　圆　　北京光辉书苑教育研究中心研究员

# 序　言

　　学生就像一颗小树苗，他的成长需要有人去全面周到地悉心照料。只有这样，才能挺拔健壮地向上生长。一个孩子如果在成长期间不加以扶植培养，就避免不了的会迷失方向、扭曲变形。所以，对学生，尤其是世界观、价值观并没有完全良好建立的青少年来说，是万万不能离开教师的辅导工作的。

　　辅导工作是教师针对学生出现的学习和生活中的问题所开展的干预和矫正工作。一个学生如果只有优异的成绩，但是思想、认知、生活能力和社会能力很差的话，他也不可能在这个社会上立足，至少不能称其为完善的人。现在的社会需要全面发展的人，我们教育的目的，也是要教育出高素质、高能力的人，所以，辅导员的角色尤其重要。

　　校园辅导员的工作主要分为心理辅导和学习辅导两大类。

　　心理辅导是指辅导员与受辅导学生之间建立一种具有咨询功能的融洽关系，以帮助学生正确认识自己，接纳自己，进而欣赏自己，并克服成长中的障碍，改变自己的不良意识和倾向，充分发挥个人潜能，迈向自我现实的过程。过去，心理辅导的工作一般由班主任来实行，现在由于教育改革的不断深入和教育思想的不断提升，许多学校还配置了专门的心理辅导室和专职的心理辅导教师。心理辅导工作逐步迈向科学化、系统化。

　　学习辅导是教师对学生学习方面实施的辅导，包括学习态度、学习能力和学习方法等内容。学习是学生平时在学校最主要的活动，同样是学校的重点任务。我们看到，学习辅导从过去的传授知识到现在的能力培养，有了一个很大的提升。所谓授之以鱼不如授之以渔，学生通过学习辅导，得到的是能力上的收获。同样，这个转变也是对教师的一个很大的考验。

为了帮助广大辅导员提高，我们特组织编写了"校园辅导员工作"系列丛书，旨在为辅导员提供一些理论知识，并解决他们在工作中遇到的问题，更好的开展辅导工作。本丛书包括：《小学心理辅导教师工作指南》《中学心理辅导教师工作指南》《如何进行中小学团体心理辅导》《教师如何帮助孩子走出厌学的误区》《教师如何帮助学生预防和矫治学习困难》《教师如何帮助孩子爱上学习》。其中前三本是心理辅导的内容，系统讲解中小学心理辅导，并将现在很热门的团体心理辅导单列成册，希望能对各位辅导员有所帮助。后三本是学习辅导的内容，主要就学生遇到的主要学习障碍与学习问题，进行讲解，使得辅导员的辅导工作能够更加有的放矢。

本丛书的特色主要是将理论与案例很好地结合在一起，使得知识理解起来没有那么枯燥，在内容上又能完全符合新课程改革的需要。本套丛书可以作为广大辅导员进行集中培训的教材，也可作为各位老师自行阅读的读物。

由于辅导工作仍处于不断发展中，再加上我们的视角有限，不可能全面概括和解决所有问题。所以在编写的过程中难免出现错误，我们希望广大教师、专家、学者在阅读中发现问题，及时告诉我们，我们将努力改正，不胜感谢。

# Contents 目录

引　言 /1

第一章　问题篇:发现问题　注重效率 /2

第一节　正确对待学生的优点和缺点 /4

第二节　找到适合自己的学习方法 /8

第三节　恰当设定期望值 /11

第四节　注重学习效率 /17

第二章　自主篇:培养兴趣　自主学习 /19

第一节　激发学生的学习兴趣 /20

第二节　引导学生自主学习 /28

第三节　学会合理安排学习时间 /34

第四节　细分目标,循序渐进 /40

第三章　信心篇:树立信心　不怕失败 /46

第一节　培养学生的自信心 /47

第二节　鼓励学生进行发散思维 /54

第三节　多用肯定和表扬的话语 /61

第四节　包容学生的失败 /74

第五节　考试成绩评定方法多样性 /78

第六节　适当实行反面教育 /86

**第四章　课堂篇:课堂创新　教学相长　/88**

第一节　让学习内容丰富多彩　/90

第二节　营造宽松和谐的课堂气氛　/103

第三节　建立创新型课堂　/115

第四节　合理利用自习课　/126

**第五章　环境篇:家校结合　多法并行　/130**

第一节　激发学生的危机意识、竞争意识　/131

第二节　注重教室环境的营造与维护　/137

第三节　教师以身作则　/140

第四节　与家长做好交流　/151

**第六章　发展篇:身心健康　均衡发展　/157**

第一节　注意劳逸结合　/158

第二节　适当进行体育锻炼　/163

第三节　寓教于乐　/167

第四节　适时进行心理疏导　/170

第五节　帮孩子树立终身学习意识　/176

# 引　言

　　社会赋予学生的主要任务就是学习，而学习成绩的好坏，直接关系到学生的个人发展，关系到家长对孩子的信心、老师对孩子的态度，关系到社会对学生的认可和对学生提供机会的多寡。鉴于此，如何爱上学习、搞好学习则成了学生和老师们常思常新的话题。

　　在这个问题上，我们不仅要找到使孩子爱上学习的具体方法，还要清楚地了解学习的定义、学习的对象，学习主体的个性特点、影响学习的外部因素等。唯有如此，教师才能对症下药，根据每个学生的具体情况，有的放矢地提供解决之法。学生也能有针对性地查漏补缺，巩固一己之优势，补充一己之不足，进而找到一条适合自己的学习之路。

　　本书共分为六章：第一章探寻孩子无法爱上学习的问题根由；第二章以兴趣为切入点，意图培养孩子对学习的亲近感，让孩子走上自主学习之路；第三章在兴趣的基础上，指导学生如何正确对待学习过程中的成败得失，树立起对学习的信心；第四章从具体的课堂教学入手，与老师探讨教学相长的必要性；第五章从孩子整体学习环境出发，特别讨论了家长与教师沟通的途径、方法、重要性；第六章结合时代要求，倡导学生建立全面的健康观、合理的学习观，使学生能够均衡发展、健康成长。

　　在每一小节的设置上，本书大致上遵循问题提出、问题剖析、问题解决的顺序。当然，在具体操作上，部分章节的形式会根据实际情况的需要作出适当改变，但其思路还是与整书的思路保持一致的。

　　愿此书能够帮助越来越多的孩子爱上学习！

# 第一章　问题篇：

## 发现问题　注重效率

　　在教学工作中，教师常常会遇到令人头痛的学生，有时会感到"山重水复疑无路"。但如果能够找到病因，对症下药，就会重新获得"柳暗花明又一村"的感觉。

　　一种教育方法对这个学生有效，对另一个学生可能就不那么有效，对第三个学生可能起反作用。同样地，学生成绩下滑或学习情绪低落，也会有多种原因。教师应当尊重每个学生的个性特点，找到问题所在，细心地发掘导致学生成绩下滑，或者情绪失落的原因，有的放矢地给学生以启发、指导、帮助。

　　那种等齐划一的教育方法不尊重学生的个性特征，使得教师容易自以为是地判断学生的问题所在。到头来，学生受到了冤枉，成绩会持续下降，心情会继续低落。教师错误地进行了引导，徒劳地付出了努力。因为教师的误判，师生双方最终都会受到不同程度的伤害。

　　发现了学生的问题根源，教师就要根据学生自身的特点，帮助学生找到一条适合其自身的改正方法，应该注重效率，而非形式。我们常常见到一些埋头苦读的孩子，他们放弃了休息的时间，一天到晚都在学习，可谓"两耳不闻窗外事，一心只读圣贤书"。但这些孩子可能只是在形式上做出"爱学习状"，他们没有掌握一套行之有效的方法，没有保持一份轻松快乐的心情，没有针对自己的优劣查漏补缺，没有制订出清晰合理的学习计划，他们的所有努力到头来被证明是事倍功半，让人感到遗憾。

　　既要低头拉车，又要抬头看路。而这"看路"，就是要时刻查点自己的学习是否有效率、有收获、有提高。想要爱上学习，首先就要做到会学习，而检验一个学生是否会学习，即是学习的效率和结果。教师要避免学生做徒劳无功的尝试，要引导学生在正确的方向上做出有价值的努力，要让他们的每一分辛勤的劳动都能取得相应的回报。广大教师朋友们，请记住爱迪生的名言吧——工作中最重要的是提高效率。

# 第一节　正确对待学生的优点和缺点

## 帮学生找到优势

很多学生对自己的优点认识不足，看不到自己的潜力，如何帮助他们发现自身之优势，同时有的放矢地挖掘自己的潜力呢？这个引导的过程，主要包括三个因素：

**1. 尝试结果的影响。**

尝试的结果可以归结成成功与失败两个方面。一般而言，成功的结果能增强自信心，而失败的结果则会削弱人的自信心。心理学研究表明，一个人的自信心与他的成功率成正比：成功越多期望越高，自信心越强；反之，失败越多，期望越低，自信心越弱。一些资料表明，重点中学的学生因为受教育的条件好，成功的机会多，因而他们很容易找到自己的长处；而许多非重点中学的学生，由于受教育的条件差，失败的机会多，因而他们很难发觉自己的过人之处，往往都是在挣扎在自卑的痛苦之中。因此，我们要尽可能为学生创造取得成功的条件和机会，以帮助他们完成对自身优势的发掘以及对自身潜力的开发。

**2. 他人态度的影响。**

一个人对于自身优势的认知程度往往与他人对自己的态度有关。

这包括他人对自己的期望水平与信任程度。一般说来，凡是他人对自己的期望大，信任程度高，则会加强其认可自己的信心；反之，凡是他人对自己的期望及信任程度低，则会让其没有足够的信心去发现自己的优点。研究表明，男女中学生的智力水平没有显著差异，但在自信心方面，女学生则不如男学生。其中一个重要原因就在于家长、教师对男女孩子的期望值和信任程度不一样。许多家长、教师有这样的偏见：男孩子聪明些，读书容易成才；女孩子听话些，读书不大能成才。久而久之，男孩子就增强了自信心，发现了自己越来越多有点，认为自己应加倍努力，而且只要努力，就一定能学好、能成才；女孩子则削弱了自信心，发现了自己越来越多不足，心想或许自己不如男孩子，于是便放松了对自己的要求。

### 3. 自我评价的影响。

一个人是否能准确地找到自己的优点也往往依存于自我评价。对自己的品德与能力评价适当，就会增强自信心。否则自我评价不适当，就会产生两种偏向：对自己作过高的估价；对自己作过低的估价。

自信心按一定的方式在个人发展过程中发挥着重要的作用，它直接影响到学生对自身"宝藏"的挖掘程度。因此，我们在具体的教育实践中可从以下几方面做起：

（1）信任每一位学生。

唯有信任，才能驱使学生付出巨大的精力和劳动去争取成功。信任还能产生感应和期望的效应。学生因受教师的感染而相应地产生对自身力量的信心，会因教师期望的激励而迸发出积极的力量。美国心理学家布鲁纳的长期研究表明，对于生理心理发展正常的学生来讲，如能在学习上给他们以各自所需要的不同时间和不同帮助，每位学生都能达到优良的学业水平。在教育过程中，教师不仅要信任优秀生，而且要信任差生。我们认为，无论优秀生还是差生，都蕴藏着"成才"的优异力量，只是优秀生得到了较充分的发挥，而差生由于主客观的原因未能获得开发罢了，因此教师不仅自己要信任差生，而且还要启发差生相信自己确实是有潜力的，只要发奋图强，是一定能成为有用之才的。

（2）发展学生的能力。

能力是建立自信心的基础，因此教师在教学过程中，应当注重培养和发展学生的各种能力。不仅应当发展学生的一般能力，还要因材施教，发展学生的各种特殊能力，如音乐、文艺、体育等能力，能力水平提高了，学生胸有成竹，自然自信心就增强了。

（3）给学生创设成功的机会。

一个适当的机遇可以成为一种转折点，使人从此踏上成功之路。爱国斯是由于叔叔发现其数学天才，加以悉心培养而成为伟大科学家的。被学校称为"不爱学习"的瓦特，因在父亲店铺里得到实践机会，使其创造天才得以发挥，从而获得了伟大的成功。可见，突破口在一个人的身上，往往呈多角度，需细心寻找，这种突破口一般就是一个人的特长、优势和潜能所在，特别是一种闪光点、生长点、发展点，一旦发现，就要创造条件，施以良性刺激，积极扶植。

（4）适当鼓励，及时评价。

自信心的形成离不开对自身能力的自我评价。青少年学生总是渴求从接触的人的评价中来判定自己的价值，因此在学生心目中有威望的教师、家长的鼓励和评价会强烈地支配学生对自己品质和能力的估价，影响学生自我评价的发展。在学生自我意识、自我评价发展过程中如果经常得到别人的评价和鼓励，他们就容易从这些信息中发现自己，看到自己的价值，这有助于形成自我评价的动机，从而产生对自己持肯定态度的评价方式。在教师鼓励、帮助下，不断取得成绩和进步也就不断体验到"成功感"，于是这种对自己肯定、相信的自我评价的动机就会概括化和定型化。从而逐步形成比较稳固的性格特点——自信心，而且适当的鼓励和评价还有利于自信心的巩固和发展。因此，在教育过程中，教师、家长对于学生的成绩和进步都应当及时给予肯定和充分鼓励，对暂时后进的学生要看到他们的长处，只要他们有一分的优点，就应热情地给予三分的肯定和赞扬，并经常地给学生一种心理暗示："你有能力做好这件事"、"你在英语这门课上一定会取得好成绩"。

## 正视学生的劣势

人非圣贤，孰能无过？当学生有了缺点以后，老师该怎样教育学生的呢？

### 1. 深入调查，以理服人

俗话说：没有调查研究，就没有发言权。教育学生同样如此。学生犯错后，班主任就应该深入细致地了解学生犯错的前因后果，是有意，还是无意，以及犯错后的表现。如果不知道是谁在班内捣乱，班主任更应该做耐心细致的调查工作。只有了解清楚了，班主任才能做客观的、公正的批评和教育。但是，光有生硬的说教还是不行的，要做到以理服人。常言道："有理走遍天下，无理寸步难行。"也就是说让学生明白道理，知道错在何处。这样教育学生耐人寻味，学生心悦诚服，教育的效果显而易见了。

## 2. 尊重学生，以情感人

我们常常听到，有的教师这样批评学生：

"这题型做过多少遍了，你还做不对，真笨。"

"你这个学生，我真拿你没办法，你真是名副其实的捣乱大王"

……

以上这些言辞极大地侮辱了学生的人格，伤害了学生的自尊心，不但达不到预期的目的，反而会使学生自卑，并且怨恨，甚至与班主任对抗，学生很难从思想上对自己的言行有深刻的认识。这就要求教师对经常出现问题的学生，付出更多的爱。对学生知识方面的不足，还应该"开小灶"、"吃偏饭"，只有教师对学生付出的爱恰如其分，学生才能领会教师的爱，教师的情。学生才会增强改过的决心和信心。

## 3. 指出缺点，以"优"育人

金无足赤，人无完人。我们的小学生，也是如此。他们每个人身上都有优、缺点。如有的学生学习成绩差，但热爱劳动，就对他说："看你，每次劳动时那么积极肯干，把这股劲也用在学习上，你的学习肯定能行。"有的学生体育强，可就是管不住自己，经常犯小错误，就对他说："如果你把在体育上持之以恒的精神，用到生活、学习的方方面面，我们班的优秀学生不就是你了？相信你以后能够做到的。"这样的教育方法，学生是能够体会到班主任的良苦用心的，教育的效果可想而知。

# 第二节　找到适合自己的学习方法

## 学习方法因人而异

学习，是一个长期的过程，许多孩子在"学"不进去，学习成绩一落千丈时，家长往往责怪孩子笨。其实，只有不学的孩子，没有愚笨的孩子；只有不会学的孩子，没有学不会的孩子。对学生来说，最重要的不是一时的学习成绩，而是能否学会学习，掌握适合自己的有效的学习方法。

没有一种学习方法是万能的，只有适合学生的，才是最好的。不管学生现在的学业成绩如何不好，只要找到合适的解决方法，他就能学好。

掌握适合自己的学习方法，做起事情来能够事半功倍；相反，如果使用的是错误的、与自己特点不相符合的学习方法，做起事情来不免事半功倍。"工欲善其事，必先利其器"，帮学生找到一套为他们"量身定做"的学习方法，是帮助他们走出厌学困惑的首要之举。

学习方法是成功的必要因素，但并不是说有好的学习方法就一定会成功，好的方法还需要结合自身的努力，因为好的学习方法不可能在真空中习得，它是要结合具体学习内容来进行的。那么，教师该如何帮助学生找到适合自己的学习方法呢？

### 1.　必须要有耐心，情绪稳定。

因为学习方法的问题是基础性的、根本性的问题，想要一下子纠正过来是不现实的，也是不可能的。因此，老师要引导学生耐得住性子，允许自己正在犯着的和还将重犯的错误。有错误是正常，在不适合自己的学习方法中挣扎也是正常的，学生要容忍自己的犯错，并给自己以改正的空间和耐心。

**2. 教师应该和孩子进行诚恳沟通。**

交谈时，教师应该对学生抱着真诚关心和宽容体谅的态度，试着理解学生在学习上遇到困难和挫折。教师只有放下架子，给学生发泄的机会，将心比心地为学生考虑，学生才会打开信任的大门，将自己的苦恼说出来。在此基础上，老师才有可能"对症下药"，针对学生的问题采取有针对性的补救措施和建议方法。

有的老师向来在学生面前摆出一副严厉冷峻的面孔，使得学生敬而远之，更别说在老师面前畅所欲言了。这样做的结果，仅会让学生将自己解决不了的困惑深藏于心中，继续焦灼在一条不适合自己的学习路子上。老师也只能凭自己的主观猜测给学生提供所谓的帮助，到头来，老师才发现，学生的真正问题并不是他先前所臆测的那样，而他给学生提供的帮助，其实并不对路，对学生根本起不到积极的作用。

**3. 帮学生制订学习计划。**

学习计划包括长期计划和短期计划两种。长期计划以一学期为宜，从总体上对各学科的学习作出全面的安排。短期计划以一周为宜，对本周内每天的学习内容、学习目的、保障措施和作息时间作出详细具体的安排。有了清晰的学习计划，学生会主动地寻找完成这些计划的方法，他们会调动自己的主观积极性，借鉴优秀的经验，找到最适合自己的一系列方法。在这个过程中，老师只需要帮学生把握住大的方向，确保学生在正确的道路上，至于具体的"招数"，应该交给学生自己，毕竟，只有他们最熟悉自己的优劣之处和兴趣所在。

**4. 教给学生正确预习的方法。**

预习也叫超前学习。预习既是有效的学习方法，也是良好的学习习惯。预习的方法是对第二天教师要讲授的内容认真阅读，仔细思考，把新的知识和以往学过的知识联系起来，看看哪些懂了会了，哪些不懂不会，从而明确听课的重点、难点和疑点，克服课堂学习过程中的被动性和盲目性。

5. 学会听课的方法。

认真听。要聚精会神地听讲，充分理解教师讲课的内容及其表达方式的含义，如节奏的快慢、声音的高低等。

注意看。要全神贯注地注视教师板书的内容，对教师用彩色粉笔标记的部分、用电化教具突出演示的部分尤其要仔细观察，认真领会和重点记忆。

多动脑。要积极思考，要边听、边看、边思考，要与教师讲课的进程保持同步，要多问几个为什么，要把新旧知识联系起来思考，做到融会贯通，举一反三。

主动练。在课堂上要大胆发言，勤学多练，从而加深理解，提高听课效果。

做笔记。对教师讲课中的要点、难点都要简明扼要地写在笔记上，以备课后复习。

善归纳。对教师课堂讲授的内容，要抓住纲目，归纳要点，力求当堂理解。

6. 学会复习的方法。

回顾教师课堂讲授的内容及其过程，目的是弄清哪些完全理解了，哪些没有理解，使进一步的复习具有鲜明的针对性和目的性。

复习课本，目的在于深化。学生学习时喜欢与哪些人在一起玩？有没有受到什么消极影响？学生的兴趣是什么？能否根据学生的兴趣和特长采取一些特别的措施，让学生恢复自信，培养成功感？

# 第三节　恰当设定期望值

## 告诉学生"你能行"

　　中国第一个残疾人大学生周婷婷就是这样走向成功的：周婷婷生下来听力几近于零，3 岁才开始说话。对于这样的孩子，一般的家长会选择放弃对孩子的学习要求，但周婷婷的爸爸坚信自己的女儿能成功。他为了培养女儿的"伟人见识"（别人能做到的，我也能做到；别人不能做到的，我也能做到），就让女儿背圆周率。那时，我们国家的科学家茅以升可背出圆周率小数点后的 100 位数字，而周婷婷在父亲的帮助下，竟然背到了小数点后的 2000 多位数字。周婷婷的爸爸把数字编成一个惊险、离奇、曲折的故事，开始一天背 10 位，后来一天背 100 位，只用 20 多天就背完了。这样，周婷婷的童年和少年是在鲜花中度过的，她被评为全国"十佳少年"，后来又以优异的成绩考入南京市一所重点中学。在高中，周婷婷的成绩一度下滑，几乎让她丧失了学习的信心。在这样的处境下，周婷婷的爸爸问她："当一个只有一双腿的人和一个双腿健全的人赛跑，她落后了别人会笑她吗？"周婷婷说不会。周婷婷的爸爸又问："当这个只有一条腿的人含着眼泪超过倒数第二名的时候，别人会怎样？"周婷婷说别人会为她欢呼。周婷婷的爸爸告诉她："你就是在用一条腿和别人赛跑，你虽然成绩不好，但你并不是落在最后的人，别人都在为你欢呼，怎么会因你成绩不好而瞧不起你呢？"就这样，周婷婷在不断的鼓励中强化学习的信心，最后以优异的成绩考入辽宁师范大学，被人称为"阳光女孩"。周婷婷的成功，关键是她的兴趣和信心催化出来的。在孩子的学习方面，家长也要不断地培养孩子的学习兴趣、强化其自信心。

周婷婷爸爸教育孩子的方法和一般的父母不一样，他不是盯着孩子的缺点，也不是总唠叨孩子的不求上进，而是专门找孩子的优点，然后去放大孩子的优点。对于女儿的缺点，他采取的是宽容的态度，但宽容不是放任不管，而是以朋友的身份进行提醒，让周婷婷自己进行改正。周婷婷的爸爸正视孩子的特点，合理地对孩子进行定位，然后循序渐进地对孩子加以引导与鼓励，最后终于做到了连正常孩子都很难做到的成绩。

这样的教育方法，不也值得老师们借鉴吗？每一个学生都有长项和弱势，学生与学生之间的差别是巨大的，教师不能将所有同学等而视之，不能将一种教育方法机械地复制到众多学生头上。由于这种客观差异性的存在，老师们不仅要调整自己对每一位同学的期望值，更要引导学生找到适合自身的恰当的期望值。

只有做好对学生的定位，对于学生而言，他们减轻了很多压力，可以相对轻松地学习，游刃有余地进步；相对于老师而言，你们尊重了无数学生的"慧命"，真正履行了教师的职责。以下建议仅供教师们参考：

### 1. 教育学生正确看待自己的学习成绩。

让学生把对考试分数的注意力转移到分析自己的问题上，胜不骄，败不馁，扎扎实实地把知识学到手。在中国应试教育的大背景下，大大小小的考试不计其数，不要因为一次考试的失误就全面否定一个学生，打击其自信与自尊，也不要因为一次考试的成功而过度赞扬一个学生，助长其骄傲和自大。一次考得好不代表次次能"决胜千里之外"，一次考得不好不代表你永远是抬不起头的失败者。考试只是对之前功课的考察，是一种督促学生上进的形式，正确看待考试成绩，宠辱不惊，淡定从容，才能鼓励学生步步为营地更上一层楼。

### 2. 老师正确评价、对待学生的学习成绩。

全面看待学生的学习成绩，重在考试后的总结分析。每次考试之后，不要在学生面前过于强调成绩与排名，而是让学生查找自己本次考试的成功之处与失误之处，让他们盘点自己通过本次考试，又学到了些什么东西。成绩不是第一位的，保持学习的心态，从每一次考试中汲取经验才是最重要的。

### 3. 相信每一个学生都是与众不同的。

每一个学生都是与众不同的，有自己独特的天赋特性、偏好和天生优势，也有不同于别人的弱点。解决学生的学业成绩问题，应该用个性化的手段去寻找适合学生的学习模式和学习策略，明确所存在的问题，用个性化的方法去适应学习上的要求。在这点上，切忌千篇一律。选择错误的方法对学生是一种误导，这种误导可能会埋没学生原有的优势，打击学生原有的信息，摧毁学生美好的梦想。

### 4. 努力培养学生良好的学习习惯。

习惯是最好的保证，养成良好的学习习惯和爱读书的习惯会让人受益一生。如先预习后上课的习惯，认真听讲的习惯，独立、按时完成作业的习惯，不懂就问的习惯，等等。在学生形成了一定的好习惯时，老师应该为其感到高兴，并能不厌其烦地为学生"传道、授业、解惑"。

### 5. 发现学生的优点，放大学生的优点。

人非圣贤，孰能无过？学生有这样那样的缺点是正常的，作为老师，要包容学生的问题，正确对待学生的不足。除此之外，老师更应该放大学生的优点，让他们在对自己优点的认可与自豪之中建立起一种自信，并在这种自信的驱使下不断克服困难，取得新的进步。孩子都需要鼓励，一个整天生活在谩骂、否定和排斥中的学生，会对自己失去信心，把自己定位为一个无能的"差生"。更严重的是，这些学生一旦产生了"破罐子破摔"的念头，他们就会一步步走向不可挽回的歧路、深渊。

### 6. 切不可打骂、责罚学生。

每个人都是有尊严的，学生也不例外。学生没有考好，老师就恶语批评，甚至变相体罚，这不仅有悖一个教师的师德，也在无形中摧毁一个个需要安慰的心灵。学生的成绩差，这个事实无疑与老师的心理期待值之间产生了差距，这个时候，老师就要平心静气地进行反思，是学生真的不用功，还是老师自己将期望值设置得太高了？总之，在出现不理想的成绩时，老师应和学生一起承担责任，切不可用不理智的行为把所有的责任都附加到学生头上。

# 千里之行，始于足下

张弛，是剑桥大学有史以来最年轻的中国博士生，年仅22岁。他的成长经历是普通人可望且可及的。他的父亲张明山谈到对儿子的家庭教育时，一连说了几个"要"和"不要"："在学习之前，一定要培养孩子的自信心和求知欲，一定要培养孩子良好的学习习惯和克服困难的能力，不要把孩子推给学校就不管了。要配合培养，不要让孩子一味依赖父母的指导，不要打击孩子的信心。"他在实践中注重了以下几点：

①孩子良好习惯的培养；

②孩子学习情感的培养；

③教育孩子学会做人及爱心的培养；

④独立意识的培养；

⑤与孩子平等沟通，面对面地交流；

⑥对孩子实行积极暗示；

⑦适时适度夸奖和欣赏孩子；

⑧培养自信，培养孩子劳动意识、吃苦精神、刻苦学习的精神；

⑨培养和提高综合素质；

⑩家校实施教育一致。

说张弛的成长经历"可望且可及"，这是并不是没有道理的，如果每一个教育工作者，都能像张弛的父亲那样，针对学生的特点，调整期望值，让学生在做好自己力所能及的事情，那么，学生在此基础上，发挥自己的优势和创造力，有朝一日进入剑桥这样的名牌大学，也不是没有可能的。

张明山对孩子的培养方法都是普通平常的，他对孩子的要求也是始于点滴的。有些老师和家长，为学生描绘了一张难以实现的美好蓝图，动辄就以"出类拔萃"、"遥遥领先"等大而空的说教对学生进行训诫。他们从一开始就把对学生的期望值调得很高，在实施过程中，但凡遇到了一些没有如愿的情况，他们就会问责于学生。退一步讲，如果进行角色转换，老师或家长做学生，学生做家长，那些要求甚高的老师和家长们，你们敢保证自己一定能完成那么多高而大的期待吗？假使你们的回答是否定的，那么你们的学生或孩子又怎能保证次次"不辱使命"呢？

没有教不好的学生，只有不会教的老师，参考张弛父亲的经验，老师们何不把对学生的期望值降低一下呢？从点滴做起，从尊重每一个学生的每一个特点做起，给学生一个恰当的定位，让学生认识到自己合适的位置。中国有句古话叫做"临渊羡鱼，不如退而结网"，只有符合自己的，才是最好的。以下几个建议供教师朋友参考：

## 1. 给学生玩的时间，不要把学生搞得太累。

有的教师出发点是好的，想让学生学业成绩更好些、让他们多掌握几项特长，于是占用学生的课余时间、周末时间，马不停蹄地给学生进行"恶补"。为此，很多老师都得到了"母夜叉"的绰号，即"暮夜插"，早晚都没完没了地插课。李大钊先生说过："学就学得踏踏实实，玩就玩得痛痛快快"，劳逸结合才符合人休养生息的自然规律。一些老师为了提高升学率、为了自己的班级能够在全校排名中位居前茅，就想尽一切办法对学生"开小灶"。他们把极高的期待无条件地附加到了学生头上，学生们也就必须无条件地服从。不管老师们的期待是不是也是学生的期待，不管老师的目标是不是学生乐于接受的，学生能做的，只有被动听从老师。

## 2. 不要强迫学生请家教、参加课外辅导班等。

随着教育问题上竞争压力的加大，各种各样的课外辅导班方兴未艾，而辅导班的费用，也在不知不觉中上涨到了让人瞠目结舌的程度。有时候，参加一个课外辅导班连一个月的时间都没有，但其昂贵的费用已经远远超过学生们的半年的学费了。学生参加辅导班的动机，有的是为了弥补课堂上的不足，有的是为了查漏补缺，有的是拓展兴趣，有的是培养强项，有的仅仅是为了和别的同学攀比，等等。一句话，学生之参加课外辅导班，无非是因为依靠正常的上学受教育已经不能完成家长和老师的期待了。在学生踏进课外辅导班那一刻，家长和老师们的期望值非但没有降低，或与原来保持一致，反而愈发抬高了。

家长送孩子到学费昂贵的补习班，说："都是为了孩子好。"老师们课外办这样那样的补习班，说："都是为了给学生提供更多机会。"扪心而问，你们到底真的是为了孩子/学生好？还是想要借助孩子/学生来完成你们的自己的某一心愿？

3. 增加学生的成功体验。

过多的失败体验，往往使孩子对自己的能力产生怀疑，教师应该设法创设各种有利条件，使自己的学生在学习过程中能更多地体验成功。通过创立顺境，增加学生对未来的美好预期，更重要的是帮助学生在内心建立美好的自我形象，形成和发展他们的自信心。

4. 帮助孩子建立合理的自我定位。

教师要针对自己孩子的实际情况，帮助他们建立适合自身发展水平的合理的成功预期，教育他们不能好高骛远，眼高手低，这样可以避免学生因期望过高难以实现而遭受心理挫折。另外，大多数学生往往耐心不足，急于求成。因此，教师还要帮助他们正确对待进步进程中可能出现的"反复"现象，做好应付失败的心理准备，使学生不能只期望成功，更不能有过高过快的成功预期。

5. 坚持正面教育原则，多表扬、鼓励，少批评、贬抑。

要使自己的学生获得坚强的自信心和保持积极进取的精神状态，教师就需要多表扬、多鼓励，多肯定他们所取得的成绩。尤其要善于发现"差生"的"闪光点"，充分肯定他们取得的点滴进步，以点燃心中的奋斗之火，使这些"差生"感到"我还行"、"我还有希望"。当然，有时对孩子作适当的批评也是可以和必要的，但千万不要用贬抑、否定的话语。

# 第四节　注重学习效率

## 提高学习效率

　　学习效率的高低，是一个学生综合学习能力的体现。在学生时代，学习效率的高低主要对学习成绩产生影响。当一个人进入社会之后，还要在工作中不断学习新的知识和技能，这时候，一个人学习效率的高低则会影响其工作成绩，继而影响他的事业和前途。可见，在学生阶段就养成好的学习习惯，拥有较高的学习效率，对人一生的发展都大有益处。

　　可以这样认为，学习效率很高的人，必定是学习成绩好的学生（言外之意，学习成绩好未必学习效率高）。因此，对大部分学生而言，提高学习效率就是提高学习成绩的直接途径。

　　提高学习效率并非一朝一夕之事，需要长期的探索和积累。前人的经验是可以借鉴的，但必须充分结合自己的特点。影响学习效率的因素，有学习之内的，但更多的因素在学习之外。首先要养成良好的学习习惯，合理利用时间，另外还要注意专心、用心、恒心等基本素质的培养，对于自身的优势、缺陷等更要有深刻的认识。总之，"世上无难事，只怕有心人"。

　　很多学生看上去很用功，可成绩总是不理想。原因之一是，学习效率太低。同样的时间内，只能掌握别人学到知识的一半，这样怎么能学好？学习要讲究效率，提高效率，途径大致有以下几点：

### 1. 每天保证 8 小时睡眠。

　　晚上不要熬夜，定时就寝。充足的睡眠、饱满的精神是提高效率的基本要求。

### 2. 学习时要全神贯注。

玩的时候痛快玩，学的时候认真学。一天到晚伏案苦读，不是良策。学习到一定程度就得休息、补充能量。学习之余，一定要注意休息。但学习时，一定要全身心地投入，手脑并用。学习的时侯常有陶渊明的"虽处闹市，而无车马喧嚣"的境界，只有自己的手和脑与课本交流。

### 3. 坚持体育锻炼。

身体是学习的本钱。没有一个好的身体，再大的能耐也无法发挥。因而，再繁忙的学习，也不可忽视放松锻炼。有的同学为了学习而忽视锻炼，身体越来越弱，学习越来越感到力不从心。这样怎么能提高学习效率呢？

### 4. 学习要主动。

只有积极主动地学习，才能感受到其中的乐趣，才能对学习越发有兴趣。有了兴趣，效率就会在不知不觉中得到提高。有的同学基础不好，学习过程中老是有不懂的问题，又羞于向人请教，结果是郁郁寡欢，心不在焉，从何谈起提高学习效率？这时，唯一的方法是，向人请教，不懂的地方一定要弄懂，一点一滴地积累，才能进步。如此，才能逐步地提高效率。

### 5. 保持愉快的心情，和同学融洽相处。

每天有个好心情，做事干净利落，学习积极投入，效率自然高。另一方面，把个人和集体结合起来，和同学保持互助关系，团结进取，也能提高学习效率。

### 6. 注意整理。

学习过程中，把各科课本、作业和资料有规律地放在一起。待用时，一看便知在哪。而有的学生查阅某本书时，东找西翻，不见踪影。时间就在忙碌而焦急的寻找中逝去。

# 第二章　自主篇：

## 培养兴趣　自主学习

大文学家莎士比亚曾说："学问必须合乎自己的兴趣，方可得益。"兴趣是最好的老师，是学生获得知识和技能的一种力量，是推动学习的动力之源。能从根本上提高并激发学生的学习兴趣，是教学艺术体现在得法的引导上，老师在平时教学中努力调动他们的积极性，促进学生主观能动性发展和个性弘扬，让学生在快乐的氛围中学习。

培养学生的学习兴趣，是学生进行有效学习的前提。随着时代的发展，教学观念的更新和教学方法变革，培养学生学习兴趣的方法和手段更加丰富，这就要求我们教育工作者更加注重研究学生心理发展的特点，结合教学实践，与时俱进，务实探索、勇于创新、不断积累经验，使学生充分发挥学习知识的趣味性、积极性、主动性和创造性。

与此同时，要想让学生全身心地投入学习，并乐于学习，还需让学生把"要我学"变成"我要学"。前苏联教育家苏霍姆林斯基认为："教学就是教给学生借助已有的知识去获取新知的能力，并使学习成为一种探索活动。"鉴于此，教师要在教学过程中发挥主导作用，为学生建立自主学习的课堂环境，激发学生自主学习情趣；创设自主探索的空间，把学习的主动权交给学生；调动学生多种感官，让学生参与自主学习的实践活动；精心设计配套练习，诱发学生自主探索欲求；尊重学生自身兴趣，发展学生自主探索能力，等等。总之，教师要帮助学生在自主探索与合作交流的过程中，真正理解和掌握基础知识与技能、学习优秀思想和方法，从而源源不断地获得属于学生自己的成功。

# 第一节　激发学生的学习兴趣

## 调动学生的求知欲

在犹太人家里，小孩子稍微懂事，母亲就会翻开《圣经》，滴一点蜂蜜在上面，然后叫孩子去舔《圣经》上的蜂蜜。这仪式的用意是告诉孩子：学东西是甜蜜的，读书是甜蜜的，应该抱着欣喜和愉悦的心情来学习，来读书。

犹太家庭的孩子几乎都被问过这样一个问题："假如有一天家里着火了，你将要带什么东西逃跑呢？"要是孩子回答不出来，家长就会告诉他："你要带走的不是金钱，也不是财物，而是智慧！因为智慧是任何人也抢不走的，你只要活着，智慧就永远跟着你。"而智慧的培养又岂能离开教育和读书？

古时候，犹太人的墓里常常放有书本。说是在夜深人静时，死人会出来看书的。这种做法象征着：生命有结束的时候，求知却永无止境。犹太人家庭还有一个世代相传的传统，那就是书橱要放在床头。要是放在床尾，就会被认为是对书的不敬而被禁止。犹太人不禁书，即使是一本攻击犹太人的书。

犹太人爱书的传统由来已久，深入人心。联合国教科文组织 1988 年的调查表明，在以犹太人为主要人口的以色列，14 岁以上的以色列人平均每月读一本书；全国的公共图书馆和大学图书馆 1000 多所，平均每 4500 人就有一所图书馆。在 450 万人口的以色列，办有借书证的就有 100 万。在人均拥有图书馆和出版社及每年人均读书的比例上，以色列超过世界上任何一个国家，为世界之最。

学生由于年纪尚小，读书兴趣还处在萌芽阶段，因此，对事物的喜欢或不喜欢，都只是相对的。不少孩子不喜欢读书，这并不表示他们对读书无兴趣，他们的兴趣还徘徊于读书、玩耍、看电视、玩游戏等之间，而他们更喜欢选择后面的三者。因为这个时期的孩子多喜欢动，电视、网络给他们提供的信息比给他们提供的信息可能更有冲击力，而与同伴玩耍更是他们喜好的。

英国哲学家培根说过："知识就是力量。"作为教育者，老师们一定要带学生步入知识的殿堂，当他们在知识浩瀚无边的海洋中，自由汲取成长所需要的各种"养分"。知识是没有边界的，对某个知识点的浓厚兴趣，可能就会成为一个学生向知识海洋的纵深处不断迈步的起点。我们要不断发现学生的兴趣点，再以兴趣点为出发点，找到学生们感兴趣的领域。当作为引路人的老师能将这些做好，相信学生们一定会"海阔凭鱼跃，天高任鸟飞"的。以下建议供教师们参考：

**1. 激发学生对阅读的热爱。**

可以将阅读活动比作"书中寻宝"，书本的"半亩方塘"之中有无限风光，无限趣味，教师要让孩子有一种想进入书本世界的冲动。知识的世界是多种多样的，拓展学生的阅读面，给他们多一些选择的机会，他们可能就会在其中找到自己感兴趣的东西。仅仅靠课堂上学到的那点知识是远远不够的，仅仅依靠老师的言传身教是大大受限的，教师应该指引学生进行广泛的课外阅读，并且让学生们在这些间接经验的学习中，找到真正符合自己口味、适合自己特点、满足自己爱好的某一点或某些点。

**2. 帮助孩子选择好书。**

对阅读初期时书的选择，家长要发挥主导作用，要适当让孩子去书店的海洋里自我寻觅。"尽信书则不如无书"，学生没有足够的能力鉴别哪些是精华，哪些是糟粕，这个去粗取精、去伪存真的任务，当然就落到了教师的头上。一本好书，可以开启学生们的心灵；一本坏书，也可以诱导学生们误入歧途。

**3. 不仅夸学生"爱看书"，更要夸学生"会看书"。**

夸学生爱看书，他们得到的可能是一个欣赏和夸奖，而夸学生会看书可能就带有着赞赏和鼓励了，比一般爱看书还多了点聪明和方法。"爱看书"只是一种现象，"会看书"则是一种境界，夸奖学生"会看书"，这中间的分量就和前者大相径庭了。鼓励会给学生以自信，得到了一定的夸奖，他们会不由自主地再接再厉、步步向上。

4. 只有会读书，才能爱读书，更能读好书。

教师要经常与孩子交流读书的方法和心得，鼓励学生们把书中的故事情节或具体内容复述出来，把自己的看法和观点讲出来，然后大家一起分析、讨论。定期地召开读书交流会不失为一个不错的方法，它可以提供一个良好的平台，让同学们各抒己见，相互学习，教师同时也可以从中找到学生们各自的兴趣所在，从而有的放矢地帮学生们挖掘潜力、发挥优势。

5. 给孩子讲一些名人热爱读书而成功的故事、事例。

这些故事和事例在某种程度上能激发起孩子读书的兴趣，让孩子读书有了动力，也有了效仿的榜样。许多学者和作家童年时就有读书的好习惯，教师可以利用名人的故事开启孩子向往读书的心扉。有了榜样的力量，学生可以找到具体的效仿对象，找到可以参照的目标。

# 让学生学会独立思考

一位美国老师想教孩子画苹果，他就会给孩子一个苹果，让孩子自己去摆弄、观察，然后根据自己的认识去画。而同样一个中国的老师教孩子画苹果，他的步骤是认真讲解示范，告诉孩子从哪儿起笔、到哪儿落笔，让孩子记住这些步骤，然后模仿着画。

5 岁的美国男孩 Jack 在老师的建议下画苹果。老师把画画用到的工具，画本、铅笔橡皮、彩笔等为 Jack 准备齐全，又在他面前放置了一个苹果，然后就离开了。至于苹果应该是什么形状的、应该被涂成什么颜色、整个画纸如何布局等具体问题，Jack 的老师并没有有给予他任何建议，老师唯一能做的，就是充分相信 Jack，相信他可以用自己的心灵去感悟，用自己的眼睛去观察，用自己的手指去描绘。至于 Jack 会画出什么样的苹果并不重要，用 Jack 老师的话说："重要的是，他在独立完成自己的作品。"

到了最后，Jack 与其他的同学在画纸上"创造"出了各种各样的苹果，有规规矩矩的红苹果，有被咬了一口的绿苹果。Jack 听说过圣经故事《一个金苹果》，于是，他就画出了一个黄灿灿的"金苹果"。

5 岁的中国男孩坤坤在老师的要求下，端端正正坐在课桌前，准备着学画苹果。坤坤的老师先帮坤坤和其他孩子准备齐全了画画用到的纸笔，然后向孩子们简单演示了画苹果的前后步骤，即：先用铅笔勾勒出轮廓，之后用橡皮进行修改，等苹果的雏形有了以后，才能进行上色。而适合苹果的颜色，老师说，一般上都是大红色。在确认坤坤等都明白了以后，老师又几乎手把手地带着孩子在纸上画了圆形的、大大的、红色的苹果。

下课的时候，坤坤和其他同学都交上了各自的作品，无一例外，老师看到的都是依她的言语之"葫芦"而画出来的大同小异的"瓢"。

同样是画苹果，不同文化背景下的老师，却选择了不同的教育方法。

现代心理学表明，创造力与想象力关系密切。具有创造力的人一般具有超强的想象力，因而培养孩子的想象力具有重大意义。对于孩子而言，他们常常会有出人意料的梦想。现实是重要的，梦想也是重要的。梦想对于孩子是一种解放，会使孩子从现实的束缚走进自由的世界。泯灭孩子们的幻想就等于把现实的一切变成束缚，使孩子的创造力受到抑制。

育人如同育树："能顺木之天，以至其性焉尔。"这是指教育要尊重孩子的天性，让孩子自由发展。但是在教学实践中，尊重学生却有一个"度"的问题：只有讲究好分寸，把握好尺度，才能使老师的有意引导和学生的自主发展达到和谐统一。要解决这个问题，需要注意处理好以下几点：

第一，鼓励学生大胆发表自己的意见。一般来说，敢于发表意见的孩子的思维比较活跃，分析问题也比较透彻。所以，要敢于在公共场合畅所欲言，即使出现了错误也不用怕。

第二，培养学生的探索精神。要发扬学生们"打破沙锅问到底"的精神，每当遇见新事物，要让自己深入地去了解，摸一摸、问一问。另外，敢于"异想天开"，这些都会有助于自己在解决问题时善于从多方面思考，从而提高自己的学习兴趣和思维能力。

第三，帮助学生建立独立处理问题的意识。在生活中、学习中，学生们难免会遇到各种各样的问题，他们要学会分析、归纳以及设想解决的方法与程序，从而独立设计解决方案。这对于提高思维能力和解决问题的能力大有益处。

第四，丰富学生的知识与经验。很多时候，学生不能很好地独立思考，这并不是因为不知道思考的方法，而是在逻辑思考或推理的时候，往往因为知识和经验有限而无法得出正确结论。所以，要帮助他们积极丰富知识和经验，促使打开广泛想象的思路，从而拓展思维领域。

第五，培养学生的推理能力。推理能力是思考能力中比较重要的一个方面，推理需要对概念等有深刻的理解才能进行，要在平时注意理解一些概念性的事物，也可以多做一些有意思的推理题目。

# 带着问题去学习

学生在某些方面表现出来的特殊兴趣，与学生的性格特征关系密切。这种比较稳定的人格品质，对人的职业准备具有明显的导向意义。在这些兴趣的指引下，学生会自觉带着问题去深入挖掘问题的实质，去学习相关的知识。作为老师，必须深入了解每一个学生这种持久、明确的趋向性人格品质，尊重它，维护它，引导它。

奥地利动物学家乔伊·亚当森从小喜欢动物，小时在自家园子里专心致志地研究野生动物。1931 年她到东非旅行，肯尼亚辽阔无边的热带原始雨林风貌和其中的珍禽异兽吸引了她。强烈的探索兴趣使她放弃了故国优雅舒适的生活，从此过上了与热带丛林动植物为伍的日子，这一过就是 43 年。凭着深厚的素材积累与传奇的科研生涯，她的《野生的爱尔莎》一书震惊了全世界。米丘林凭着对园艺学的浓厚兴趣，60 多年中在田间地头持续不断地研究设计了上千种方案，做了上万次实验，为人类改良和创新了300 多种果树品种，成为人类园艺史上最著名的园艺家。兴趣往往能造就天才。

那么，教师该如何尊重学生的特点与兴趣，然后帮助学生养成有疑而问的习惯呢？我们来看看一位语文教师的体会：

一、尊重情感，使学生有疑敢问。

健康心理学马斯洛告诉我们："任何一个健康人心里都有一些需要，当满足了基本需要，一个更高的需要才得以出现。"学生有着无穷的想象力，充满探索世界的好奇心。应该说，课堂上学生发言的积极性是老师培养的。要学生发挥探索精神，就要保护他们的这种可贵精神。欢迎学生提问，不因他们的问题幼稚可笑或不合时宜而呵斥。消除孩子的心理负担，积极鼓励表扬。因此，课堂上教师必须创设一种互相尊重、理解、宽容、和谐的学习气氛，把微笑带进课堂，用真诚亲切的微笑，和蔼可亲的教态，饱满的精神，良好的情绪，不断加强师生间的情感交流。例如教《峨眉道上》时，有位学生问："峨眉山路有什么特点？"我就让全班同学为他的敢于提问进行热烈的鼓掌，并请其他同学帮其解决问题。这位学生见自己"一炮打红"，自然洋洋得意，他学习的自信风帆高高扬起。

二、授其方法，使学生有疑善问。

学生兴趣激发后，往往会产生极大的热情，思维也进一步活跃。但有时由于方法不对或方向不正确，使得提出的问题价值不大。甚至可能为了提问而提问。因此，教师应要求学生把问题问正确，提出的问题要鲜明，指向准确。并教给质疑的方法，提高问题质量，问对问好。

（1）对预习提示进行质疑。现行教材大多都有预习提示，这对学生学好课文有很大的帮助。让学生在预习中充分寻找有疑惑的地方，鼓励学生在预习中多问几个为什么，这有利于学生深入理解课文。让学生自学前明确要求，并在阅读时用铅笔在有疑、难的地方提出问题，也可以写在预习本上。

（2）对课题进行质疑。

俗话说，题好文一半。要使学生自主学习，对于课题的质疑必不可少，更要养成习惯，经常推敲进行研究，寻找规律，从而把握文章中心和结构。如教学《和时间赛跑》，我首先引导学生在课题处质疑："和时间赛跑是什么意思？为什么要和时间赛跑，它是怎样和时间赛跑的？"我因势利导，让学生进行合作，积极研究，各抒己见。最终，学生理解了文中所表达的思想感情。

（3）对重点词句进行质疑。

在初读课文阶段要求学生提出不理解的词句，而在精读课文时则要求学生对重点词句进行质疑，尤其是那些与中心紧密相关的词句。如教《小珊迪》，我直接引导学生读课文最后一句话"谁读了这个故事也不能不被小珊迪那美好的品质所感动。"一个学生读后产生疑问："小珊迪是个什么样的人？他什么美好的品质让人家不能不被感动？"这个问题贯穿了文章的线索，起到了"画龙点睛"之作用，为学习课文奠定了良好的基础。

（4）对文中貌似矛盾的内容进行质疑。

语文教材中常有看似矛盾实是精彩之笔的描写，在阅读过程中找出这些矛盾之处，并加以质疑，能更深入地理解课文。在教《趵突泉》这一课时，有位学生在自学中对"假如没有趵突泉，济南会失去它一半的美"时，提出质疑："济南有三大名胜，为什么说没有趵突泉，济南会失去它一半的美呢？应该是三分之一呀！"针对这个问题，我因势利导，让学生进行合作，积极研究，各抒己见。有的说趵突泉太美了，就应该占一半；有的说既然是三大名胜就应该是三分之一，因为它们各有各的作用。通过讨论，明确了趵突泉在济南这个泉城中的地位。学生的思考从浅薄一步步走向深刻。可见，对矛盾处进行质疑是解决问题的不竭动力。

此外，还有多种质疑方法，像对重点词，语句重复处，打比方处……要求学生提有价值，有思考性的问题，值得分析、推敲甚至触及中心的问题。不仅仅问词的意思（求解释），更要问为什么用这个词、这个段（探究性）。从浅显的表层的疑问句向较深层次的探究。

三、扩展空间，使学生有疑必问。

学生在课堂上和课文中所学到的知识是十分有限的，课本以内的生活，是我们语文学习的广阔天地，它是求异思维能力培养的源头活水，作为教师应引导学生由课内延伸到博大的知识领域里，开阔视野，丰富知识。只有重视课内外结合，才能为学生的认知活动、语言活动、思维活动、情感活动，提供取之不尽、用之不竭的丰富源泉。这样学生的求知欲就更加强烈了，于是也就更加好问了。

学习《太阳》一课，当学到太阳的三大特点：远、大、热时，学生提出"如果太阳消失了地球将会怎样？"这个有价值的问题，单凭课文内容是难以解决这个问题的。于是我以此为契机，引导学生课后自己去查阅资料，进一步丰富教材内容，解决疑难。一石激起千层浪，学生满怀探求之心埋头读文，纷纷开始了主动而积极的阅读实践活动，第二节课，他们竞相上讲台，把从《少儿百科全书》、《十万个为什么》等书中查阅到有关资料，给同学们做了生动、有趣的自我介绍，这样，主动地获得了远比教师讲授要来得深刻的知识，而这一知识正是来自于课堂上浓彩重墨的自主学习活动。

这位老师采取"质疑"的方法激活学生的思维。"学起于思，思源于疑"。质疑可以使教师的教学更有的放矢，可以引导学生深入理解课文，可以促进学生主动探究，敢于发现。越是敢于质疑的学生，其主体作用越能得到充分的发挥。培养学生提问题是素质教育的一个主要方面，善不善于提出和思考问题，在很大程度上检验一个人是否具有创造才能的重要尺度，作为教师，应该指导学生"学问"，教学生怎样问，在"怎样思考分析问题"上下功夫。应该鼓励学生不要囿于现在答案，而要多方位独立思考，大胆提问，大胆质疑。哪怕学生的问题稀奇古怪，不着边际，也不要一味地指责和批评。应循循善诱，逐步教会他们提出问题和思考问题的方法，逐渐培养和提高他们创造性思维的能力。

实践证明：只要启发得当，学生是能够抓住课文的重点和难点提出问题的，让学生自己发现问题，比教师主观设计大大小小的问题，更能激发学生学习的主动性和积极性。更重要的是，它从根本上改变学生等待老师传授知识，消除学生学习上的依赖心理，使学生成为主动探索者，把学习的潜力充分发掘出来。正如叶圣陶所说："上课之时主动求知，主动练，不徒坐听老师之讲说。"只有让学生"靠自己的能力"去学习，学生自力学习，进而才能学会生存，形成独立自尊的健全人格。

# 第二节  引导学生自主学习

## 积极的情绪

著名教育家赞可夫说："我们要努力使学习充满无拘无束的气氛，使儿童和教师在课堂上能够'自由地呼吸'。如果不能造就这样良好的教学气氛，那任何一种教学方法都不可能发挥作用。"

管理好一个班级需要具备很多条件。比如说，教师的人格特质；教师管理班级和教学的技巧与水平；教师与学生、家长间的沟通与互动，以及与学校政策的互相配合，等等。但是，积极主动的学习氛围却是构成好班级的必要因素。而这一氛围的营造，教师的情绪起着关键的调动作用。

我们完全可以这样认定，教师在课堂上始终保持积极的情绪，就能很好地调动学生"我要学"的主观能动性。那么，教师该如何发挥自身的情绪作用力，从而激发学生的学习积极性呢？

（一）设法让积极的情绪发挥作用力。

夏老师就是一位在教学实践中，经常注意给学生"打知识地基"的好老师。

夏老师说："学习好坏，很大程度上取决于基础知识扎不扎实。基础好的学生，只要给予适当指导，就能很快追上来。如果基础不好，教师就必须要拿出自己决不放弃的热情，从基础开始，一点一点地给补上去。只有这样，才能说教师的教学是成功的！"

而夏老师所说的一切，都是建构在积极情绪基础之上的。有了积极情绪的酝酿、稳定和提升，才会忘我地教育好每一个学生。

众所周知，语文学习最基本的是识字。如果学生到了四年级还有很多字不认识，那么如何让他跟上进度，记忆新的生字呢？

有一年，夏老师就遇到了这样一位学生，他叫小虎，四年级时才从别校转到夏老师班上。小虎是一个很聪明的孩子，但是因为父母工作忙，很少照顾他，因而变得十分调皮，很多学校老师都对他感到头疼。父母无奈之下，只有不断给他转学，这更进一步造成了他基础知识的缺失。

夏老师了解这一情况之后，没有像有些老师那样喊苦叫屈，而是暗下决心：要用自己的热情让小虎成为一名好学生。她没有立即让小虎投入对新课程的学习，而是先找他谈心，了解他的内心想法，使师生之间建立了一种相互信任的关系。然后，找班上语文基础最好的学生做小虎学习的帮手。

从此，夏老师每天都会给小虎的那个帮手一个特别任务，那就是帮小虎"打知识地基"。夏老师首先要求那个帮手在短时间内与小虎成为要好的朋友，她自己则给小虎制定了一份生字练习单，囊括了从一年级到四年级所有该记住的字词。她要求小虎的帮手监督小虎每天根据表单必须记住5个字，争取在一个学期内将基础打好。其次，她利用课外时间给小虎加强新课的辅导力度，以避免他不认识的字增多，尽量争取让小虎当日记住，次日加强，过后不忘。

此外，在生活和其他科目的学习上，夏老师对小虎也投入了极大的热情，使小虎越来越信任她，把她当成了朋友。功夫不负有心人，一个学期后，小虎的成绩显著提高，小虎也逐渐养成了良好的学习习惯。已经对小虎非常失望的父母，在学期末召开的家长会上，激动地拉着夏老师的手久久不放，感激之情让所有在场的其他家长和老师都为之动容。

一年之后，小虎不仅在班上成绩名列前茅，而且他的作文和诗歌还经常在县市级竞赛上获奖。小虎的父母笑了，夏老师也为自己的成绩感到骄傲。作为老师，自己的热情有了回报，还有什么比这个奖励更让人开心的呢？

教师在教育教学活动中表现出来的喜、怒、哀、乐、忧、恐、惊等情绪，以及由这些情绪造成的心理氛围，必然会对教育教学的效果以及学生的身心健康产生积极或消极的影响，同时也影响着自己的身心健康。

在这方面，案例中的夏老师给我们做出了表率，很值得我们学习。

我们在日常教学实践中不难发现，与开朗活泼的教师朝夕相处，学生必然会受到积极情绪的影响，也会保持愉快向上的情绪状态；反之，如果老师经常是一副愁眉苦脸的样子或经常发脾气，学生必然会感受到压抑与沉闷，学习情绪也一直处于低谷。

教师可以说是整个班级经营中的灵魂人物。教师本身的人格特质、班级管理技巧、教学技巧与水平，尤其是情绪，时刻影响着整个班级内学生的学习情况。然而，教师也难免有情绪不好的时候，那么，教师如何才能规避自己的消极情绪，始终将积极的情绪作用力带给学生呢？

温馨和谐的班级会使学生产生愉快、安全的情感体验；相反，一个压抑的和消沉的班级，会使学生变得自卑、孤僻，失去学习的热情。

积极的心境和情绪来源于良好的品德和个性修为。作为教师，我们要努力做到热爱教育事业、热爱学生，胸怀开阔、兴趣广泛、为人友善、情绪饱满，这是创建温馨祥和的班级环境，使学生们热爱班级、热爱老师，提高学习主动性的前提。

积极情绪作用力的具体表现是师生间具有坚实的情感基础。教学过程不仅是知识传授的过程，也是师生情感交流的过程。良好的师生关系与和谐愉快的课堂教学气氛是学生敢于参与的先决条件，学生只有在没有压力的情况下，在喜爱任课老师的前提下，才会乐于学习，主动学习。

情感是每个人最基本的需求，只有具备了师生情感的纽带，我们才能使自己的积极情绪被学生真切地感受到。

学生是学习的主体，不是知识的容器。教师在传授知识、技能的同时，如果能够充分发挥自身积极的情感魅力，就能很好地促进学生动脑、动口、动手能力的提升。因此，每位教师都应该在培养师生感情上对自己提出更高的要求，尽量让学生接受自己，赞同自己，亲近自己，形成平等和谐的师生氛围，激发学生的求知欲望。

（二）用积极的情绪感染学生。

袁老师在同一年级的两个班上同一节课，由于所表现的情绪不同，所以深刻感受到了课堂效果的迥异。

第一节是在高一（3）班上的。前一天，因为袁老师外出参加教研活动，她就事先安排学生自习，并请班主任抽查纪律。然而，第二天上课前得知，学生的自习纪律很差，虽然班主任已经及时做了处理，但袁老师仍然怒气难消。

上课前，袁老师一再提醒自己要克制不良情绪，一定不谈昨天的事，以饱满的热情上好今天的课。然而，到了课堂上，袁老师虽然只字未提昨天的事，但学生们还是看出了她满脸的不高兴。因此，课堂上学生的思维一点也不活跃，他们也不敢举手发言，战战兢兢，生怕有什么差错会引爆老师这颗蓄势待发的"超级炸弹"。

当然，袁老师内心也挥不去昨天的阴影，注意力不集中，讲解变得前言不搭后语，无法进入正常的授课状态。最后，等学生做完习题，袁老师一统计，只有一半的同学做对，这是以前从未有过的。

第二节课是在高一（5）班上的。当袁老师走出高一（3）班的教室时，就意识到了问题的严重性。回到办公室后，她没有和同事大谈刚才不愉快的一节课，也没有一个人闷闷不乐，而是打开随身听，听起了音乐。

在轻松的乐曲熏陶下，袁老师开始梳理起了下节课的教学程序。等情绪稳定后，袁老师马上进入高一（5）班的教室，边准备课件边和学生们闲聊。

上课铃响后，袁老师很快进入了角色，讲解清晰、充满激情，学生也情绪饱满，踊跃发言。习题正确率也达到了95%，与上一节课形成了鲜明的对比。

人的情绪基本可以归纳为两类：一类是使人愉快的积极情绪，如欢乐、喜悦、舒适等；另一类是使人不愉快的消极情绪，如愤怒、悲伤、恐惧、焦虑、痛苦、忧愁等。

心理学家认为，情绪具有动力功能，即增力功能与减力功能，也就是说具备作用力和反作用力。作用力就是指积极的情绪，如良好的心境，饱满的热情，这有利于激发学生的学习潜能，调动学生的学习主动性、积极性，培养学生的创造性思维；而反作用是指消极的、悲观的情绪，这会使学生产生消极被动的行为，对学生个人素质的发挥、潜能的发掘有着致命的危害。

反思袁老师的这两节课，能让我们深切地认识到老师的情绪对学生的学习效果有多么重要的影响。教师的积极情绪不仅可以促使自身处于一个良好的心境，在课堂上精神焕发、激情四溢，更能让学生聚精会神地聆听，积极主动地开动脑筋，认真思考，踊跃发言。

学生从来都不是消极被动的受教育者，而是自觉积极的参与者，是学习活动的主体。因此，教师应根据学生的年龄特点、心理特征与认知水平，创设适应学生学习的情境，把学生的学习情绪充分调动起来，让他们积极参与，主动去获取知识，从而达到教学目的。

**1. 用故事激发学生"愿学"情绪。**

故事情境的创设，关键在于教师要把握好积极情绪的酝酿。只有好的情绪才能创设出一个好的故事，用故事激发课堂氛围，在最好的氛围中导入新课，亮出新的知识点。

知识点可由教师在事先创设好的故事中提出，也可以由学生在教师激发的课堂氛围中提出。但提出的知识点必须要击中思维的燃点，迅速唤醒学生的认知系统，从而提高学生单位时间内的学习效率。比如，有位老师在讲小学数学第六册《分数大小比较》一课时，就采用"讲故事"来激发学生提出问题，效果非常好。她的故事是这样创设的，她说："老师预备在下次班会活动中买一个大蛋糕，分给第一组1/4，第二组2/8，第三组4/16，第四组8/32。请同学们想一想，老师这样分公平吗？"

这种结合学生喜欢的活动情节，将分数知识融入故事中的做法，激发了学生的兴趣，使学生积极参与思考，对分数的认识也有了很深的印象。

**2. 用诱导激发学生"乐学"激情。**

一些优秀教师不把所有知识都讲出来，而是积极诱导学生进行自我探索。"自学"情绪一旦被激发出来，学生的整个认知系统就会被激活，并高速运转起来。

巧妙的诱导是激发学生积极情绪的绝佳手段。教师适当地使用这一手段可以更好地发掘学生的心理潜能，使他们更快形成探索精神，由最初的兴趣萌芽状态进入主动探索、理解新知识的阶段。

有位老师在教学"圆的面积"时，是通过"化圆为方"的实验让学生探索圆的面积计算公式的。

这位老师首先给学生提出"怎样计算圆的面积"的问题，这样学生的思维马上集中在了面积上。然后，这位老师再诱导学生将圆看成长方形，让他们先进行小组探讨、实验操作和观察，使学生的注意力集中在"形变而面积不变"上。

在学生们遇到思维节点的时候，这位老师进一步诱导他们，注意圆的周长与半径和拼成的近似于长方形的长和宽的关系上，从而使学生自己发现圆的面积计算公式。

在整个的教学过程中，这位老师一直处于诱导的位置，发挥着刺激学生思维的作用，使学生的学习热情高涨，充分体现了教育教学的价值。

### 3．分层激发，梯次展开，使学生"善学"。

学生的学习基础、思维模式各有不同，在对待不同层次学生的学习情绪上，应该采取"分层激发，梯次展开"的策略，让学生自己展开思维加工。

只有使学生"善学"，才能将他们的认识由具体、简单上升为抽象、复杂。对待学习困难的学生，除了避免打击外，还应该消除他们的厌学情绪，激发他们的学习热情，让他们加强对已学知识的进一步理解，并且巩固新学知识中最基础的部分；对待中等生，在巩固所学新知识的基础上，激发他们对尝试思考与解决稍深的学习问题的兴趣；对待优秀生，激发他们在自我提高上的积极性，让他们自觉去解决综合性更强、条件更复杂、难度更大的学习问题。

比如，"分数除法应用题"是一个比较有难度的学习课题，有位老师针对学生的认知程度不同，使用了一个巧妙的办法，使得班里的每一位学生对这一学习要点都有了深刻的认识。

这位老师是这样出题的，她出示了以下两个条件：

六年级共有学生 540 人，相当于五年级学生人数的 4/5。问：①五年级有学生多少人？②五、六年级有学生多少人？③四年级学生人数是五年级的 5/4 倍，四年级有学生多少人？

这位老师的一题三问，就有效地地运用了"分层激发，梯次展开"的策略，让学习有困难的学生做第①题；让学习处于中游水平的学生做第②题；优秀生做第③题。

这位老师的一道综合题，既满足了优秀生的思维高度，又照顾到了差生的学习能力，很好地激发了所有学生的学习情绪。这种"分层法"既增强了所有学生的学习信心，又提高了他们的综合素质，很值得我们借鉴。

课堂教学是一个师生双边互动的过程，教师应该充分发挥自身的情绪作用力，努力营造一个宽松和谐、兴趣盎然的学习氛围，使学生积极、主动地参与到教与学的活动中，达到最好的教学效果。

# 第三节　学会合理安排学习时间

## 珍惜并合理利用时间

很多学生不懂得珍惜时间，与教师对学生的行为习惯缺乏培养有很大关系。一个班级有几十个学生，老师们不可能将每一个学生都照顾到位，受精力和时间的限制，多数老师都是采取对全班学生等而视之的态度。结果，就造成了老师对每个个体关爱不够、缺乏理解的现象。一个学生不会安排时间，对班级整体成绩不会产生大的影响，有的老师就不会对其有足够的重视，更不会有的放矢地帮助学生改正了。除非班级大部分学生都养成了这样的坏习惯，而且这个坏习惯已经对班级产生了不可忽视的影响，老师才会有足够的重视。

帮助学生养成珍惜时间的良好习惯，绝非一日之功，建议老师从以下几点做起：

### 1. 引导学生集中精力做事。

一旦养成了这样的好习惯，就不会出现手忙脚乱、被动应付的局面，反而会觉得时间比较充裕。对孩子来说，做作业集中精力，很快做完，与拖拖拉拉、总也做不完比较，前者反而可以腾出更多自由支配的时间，可以去做自己喜欢做的事，或看课外书，或画画，或进行体育活动等。

### 2. 培养学生的勤奋精神。

时间，对于每一个人都是平等的，都是一天24小时。对待时间的态度不同，时间贡献的效益可就大相径庭了。鲁迅先生认为天才就是勤奋，他自己的成功，不过是把别人喝咖啡的时间"挤"出来用在了学习和工作上罢了。鲁迅先生对时间的比喻，一个"挤"字道出了生命的真谛。若一辈子总是懒懒散散，无所作为，生命还有什么价值可言？若对时间没有"挤"的精神，想成就一番事业，岂不是懒汉做美梦——空想一场罢了。

**3. 培养学生抓紧时间的观念。**

为了不浪费时间，一切学习用品的摆放要有序，要有定规，若摆得杂乱无章，就会为找东西浪费许多宝贵的时间。要从每一件小事上养成"今日事，今日毕"的习惯，督促学生把应该做的功课按时完成，不要随意将任务推延，切忌"明日复明日，明日何其多"的拖拉作风。在养成按时完成任务这个好习惯的过程中，教师要耐心细致地说服、帮助，不可性急、焦躁，更不可采取粗暴强制的方法。在督促学生完成自己排定的任务时，要着眼于时间观念的培养，而不仅仅是应付差事。

**4. 做好与家长的沟通。**

很多学生拖拉之风的形成来自于家里，"解铃还须系铃人"，教师与家长做好沟通，双管齐下，对症下药，对带领学生走出浪费时间、事倍功半的困境则是尤为重要的。教师可以建议家长这样去做：

（1）督促孩子早睡早起，自我减压。

尽量利用白天学习，提高单位时间的学习效率，不要贪黑熬夜，累得头脑昏昏沉沉而一整天打不起精神。同时，别把考试成绩看得太重，一分耕耘，一分收获，相信自己只要平日作出努力了，必然会有好的回报。这样，学习时就能心里轻松、心情愉快，注意力就容易集中了。

（2）明确目标，用好方法。

从大的方面说，我们要认识到，今天努力学习是为了创造美好的明天，成为对家庭对社会有用的人。从小的方面说，这一年，这一学期甚至这一天，我应该完成哪些学习任务。目标明确了，学习的动力就足了，注意力就不易分散了。诚然，我们要注意用一些较好的方法来训练自己集中注意力从而提高学习效率。

（3）放松训练。

让孩子舒适地坐在椅子上或躺在床上，向身体的各个部位传递休息的信息。从左脚开始，使腿部肌肉绷紧，然后松弛，同时暗示它休息，然后，从右脚到躯干，再从左右手放松到躯干。这时，再从躯干到颈部、头部、脸部全部放松。只需短短的几分钟，你就能进入轻松、平和的状态。

（4）难易适度。

对于那些已能熟练解答的习题不要一遍又一遍地去演算，要找一些这方面经典性的题目去攻克。对于难度大的题目，先是独立思考，再求助老师、同学或家长。对于不感兴趣难度又比较大的内容，自己首先订好计划，限定时间去学习，就不会松懈拖沓。拿下学习中的一个"山头"，就给自己一个奖赏，让成就感来激励自己，从而集中注意力。

（5）感官同用。

调动多种运动器官来协同活动，在大脑皮层形成一个较强的兴奋中心。如耳听录音带，嘴里读单词，眼睛看课本，手在纸上写单词。这样，注意力就当不了"逃兵"了。

（6）排除干扰。

先在没有任何干扰的情况下背诵一段 200～400 字的文章看需要多少时间，然后在旁边有干扰时背这段文章，看需要多长时间，直到在两种环境中时间相同为止。

# 杜绝拖沓、磨蹭

在家庭教育咨询活动中，我们经常接到教师和家长的电话、来访，谈到孩子磨蹭的问题。

——一个学生上课写字，眼睛盯着本子，就是不写字，那支笔在他的手里转哪转哪，半天了，一个字都没写。教师看着他都起急。

——一个学生在家写作业，拿出铅笔盒，把自动铅笔拆了装、装了拆，其实那笔一点毛病都没有，10 分钟过去了，一个字都没写。写着写着觉得饿了，拿块点心边吃边写；再过一会儿又郁闷了，打开录音机，跟着录音边哼曲儿边写；一会儿小猫叫了，又逗一会儿小猫。一个钟头的作业能写上两三个钟头。

——一个孩子洗脚，愣洗了半个钟头，水都凉了，那脚还在洗脚盆里边涮呢。

——吃饭时最先上桌子的是孩子，最后一个吃完的还是他。

某小学调查，学生多多少少有磨蹭习惯的高达 71.4%！

（一）学生磨蹭的原因分析

**1. 从主观上看，主要有以下几点：**

（1）学习目的不明确。问学生为什么要上学？答曰："谁知道为什么要上学，我妈非逼我上学不可。"学习上这样盲无目的，怎能有紧迫感，怎能抓紧时间呢？

（2）学习兴趣不浓。有的孩子只想玩不想学习，能凑合就凑合，能磨就磨，实在逼得没办法了才快点，其他时间就任其消磨。

（3）时间概念不清。孩子们和成人对时间的感受是不一样的。大人总感到时间过得太快，总有做不完的事。孩子就不然了，他们总觉得时间过得慢，小明过完年就嚷嚷：什么时候再过年哪，我还要看新年晚会的节目呢！时间在他们眼里是取之不尽，用之不竭的，着什么急呀！

（4）习惯问题。有的孩子已形成动力定式，遇事自然就磨蹭。

（5）性格问题。孩子是慢性子也容易磨蹭。

**2. 从客观上分析，主要有这样一些原因：**

（1）传统观念的影响。由于我国几千年来小农经济的影响，人们的时间概念上往往是以年为单位计算的。人们习惯于慢节奏的生活和工作方式，这对孩子会产生一定的影响。

（2）缺乏应有的训练。家长对孩子包办代替过多。有的家长明明看到孩子磨蹭，还一味迁就，说："孩子还小，让他慢慢干吧，别催他！"对孩子顺着、惯着，放任多，要求少。另外，有些孩子放学在家无人管理，自己边做作业边玩也容易形成磨蹭的坏习惯。

（3）学生的学习负担过重。有些教师怕学生拖了班级的后腿，就建议学生参加各种各样的课外辅导班。学生是需要劳逸结合的，结果很多自由时间都被侵占了，他们不得不郁闷地从这个课堂辗转到另一个课堂，被动地、应付差事地完成老师的要求。

（二）防止和克服学生磨蹭的坏习惯的方法。

**1. 帮助学生认识时间的价值。**

教师可以通过讲故事等方法帮助学生认识时间，树立"时间观念"、

"效益观念"，使他认识到时间是世界上最宝贵的财富，它最长又最短，最多又是少，最快又最慢，最容易丢掉却无法复得，它买不着，借不到，留不住，回不来，你要磨蹭它就会悄悄溜掉，只有珍惜它，抓紧它，才会"延长"它。成功人物的一个共同特点就是珍惜时间，他们都以争分夺秒的态度对待学习和工作。著名发明大王爱迪生一生获得 11093 项发明专利，除了他的聪明才智，还因为他会抢时间，有时为了实验，一夜只睡 4 小时。居里夫人为了节约时间，不做饭，不上饭馆，每天只在实验室吃几片面包和牛油。达尔文说："我从来不认为半小时是微不足道的一段时间。"巴尔扎克说："时间是人的财富，全部财富。"鲁迅先生则把别人喝咖啡的时间都用来学习和工作，等等。对时间重要性的教育要采取多项渗透的办法，除了讲名人故事外，还可以让孩子自己阅读有关书籍，可以在墙上贴上名言警句，可以说亲身经历，可以讲别人的教训。总之，通过各种途径让孩子认识到时间的价值。

### 2. 让磨蹭付出代价。

学生若是由于自己的磨蹭而耽误了作业的按时完成，教师要给以其相应的惩罚，让学生付出代价，让他们意识到自己磨蹭的后果。但应该注意的是，惩罚应当适度，不宜过重，否则，学生不堪忍受过多的惩罚，干脆产生了破罐子破摔的消极不抵抗心理。时间长了，无论什么样的惩罚，对学生而言，都不起任何作用了。

### 3. 把作业当考试。

考试是限时完成，完不成就抄卷。这点需要老师与家长合作完成，因为家庭作业基本都是在家里完成的。建议家长不妨试试，把孩子写作业当作"考试"，限时完成。一般的家庭对孩子的作业只检查对不对、整齐不整齐，而没有时间上的要求，孩子爱做多长时间就做多长时间，只要做对就行，而教师并不知孩子用了多长时间，对了就给一百分，至于用多少时间完成无所谓。我们应要求孩子每次作业不但要写对、写整齐，还要尽量缩短时间。家长先把作业看一遍，估计一下时间，对低年级的孩子可按 1:3 给孩子限定时间，也就是说家长用 10 分钟能做完的题，就给孩子限定在 30 分钟内完成。到时就收卷，不管他做完没做完。磨蹭的孩子只能交未做完的作业，老师就要批评他。第二天，家长还按这个办法要求他，时间长了，磨蹭的毛病就会改变。有些孩子是白天磨，到晚上才着急。对这样的孩子，家里要规定作息时间。到时就熄灯，不让他写了。第二天，他交不上作业，自然着急，白天就会抓紧时间写作业。

### 4. 节约时间归己。

教师还可以把对学生作业的定时管理变为定量管理，每次就留这么多作业，剩下时间就让学生自由安排，这叫"节约时间归己"。学生为了抽出时间忙活自己感兴趣的事情，就会抓紧写作业，无形之中也就提高了效率。玩是孩子的天性，但不能让他们边学边玩，而应该学是学的样，玩是玩的样，做到"专心地学，痛快地玩"。

### 5. 教师要起模范作用。

如果教师上课迟到、早退，备课马虎、拖沓，学生看在眼里，也会跟着效仿。或者等有朝一日因为拖拉的毛病被老师训斥了，这就作为一次"以子之矛，攻子之盾"的依据了。所以，教师要改变学生磨蹭的坏习惯，本人一定要惜时守时，讲求效率，给学生做个好榜样、好示范。

# 第四节　细分目标，循序渐进

## 山田本一的智慧

1984 年，在东京国际马拉松邀请赛中，名不见经传的日本选手山田本一出人意外地夺得了世界冠军。当记者问他凭什么取得如此惊人的成绩时，他说了这么一句话："凭智慧战胜对手。"

当时许多人都认为这个偶然跑到前面的矮个子选手是在故弄玄虚。马拉松赛是体力和耐力的运动，只要身体素质好又有耐性就有望夺冠，爆发力和速度都还在其次，说用智慧取胜确实有点勉强。

两年后，意大利国际马拉松邀请赛在意大利北部城市米兰举行，山田本一代表日本参加比赛。这一次，他又获得了世界冠军。记者又请他谈经验。

山田本一性情木讷，不善言谈，回答的仍是上次那句话："凭智慧战胜对手。"

这回记者在报纸上没再挖苦他，但对他所谓的智慧迷惑不解。

10 年后，这个谜终于被解开了，他在他的自传中是这么说的："每次比赛之前，我都要乘车把比赛的线路仔细地看一遍，并把沿途比较醒目的标志画下来，比如第一个标志是银行，第二个标志是一棵大树，第三个标志是一座红房子……这样一直画到赛程的终点。比赛开始后，我就以百米的速度奋力地向第一个目标冲去，等到达第一个目标后，我又以同样的速度向第二个目标冲去。40 多千米的赛程，就被我分解成这么几个小目标轻松地跑完了。起初，我并不懂这样的道理，我把我的目标定在 40 多千米外终点线上的那面旗帜上，结果我跑到十几千米时就疲惫不堪了，我被前面那段遥远的路程给吓倒了。

在现实中，我们做事之所以会半途而废，这其中的原因，往往不是因为难度较大，而是觉得成功离我们较远，确切地说，我们不是因为失败而放弃，而是因为倦怠而失败。山田本一这种管理目标的方法，放在学生的学习上，也同样适用。即：我们可以指导学生仿效这种分解目标的方法，把一个大的、一下子不可能实现的宏伟目标细分为一个个细小的、伸伸手就可以够得着的具体目标。

同时，对不同层次的学生确立不同的培养目标，提出不同层次的要求，是教师对学生进行目标管理的又一个要求。后进生能掌握教材最基础的知识，基本能完成课堂教学的学习任务；中等生能够较好地掌握教材的基础知识和基本技能，能够独立思考，具有一定的分析问题和解决问题的能力；优等生则要进一步拓宽视野，发展思维，提高能力，创造性地完成教材的学习任务。这样每个学生都知道分层教学的目的、意义，让各层次的学生确立各自的奋斗目标。这样的教学方法可以称作为分层次目标教学法，其基本模式是：检查预习，确立目标；展示提纲，指导自学；师生交流，小组合作；课堂练习，分层要求；达标检测，总结提高；分层要求，布置作业。

1. 检查预习，确立目标。

要求教师根据上堂课布置的预习提纲，检查学生对新知识的预习情况。确立好教学的层次目标，这是实现"分层"教学的首要环节。目标一般分为浅层次目标和深层次目标。所谓浅层次目标，即传授知识，实现认知的智能教育。所谓深层次目标，即培养能力，开发智力的开发教育。层次目标的设计是否恰当，是实现"分层"教学的基础。

2. 展示提纲，指导自学。

要求教师为学生提供课堂主动学习的条件，帮助学生掌握主动学习的工具，把方法教给学生，让学生会学。提纲的设计，要体现出本节课所学知识的完整性、准确性、层次性。教师要组织引导学生依据提纲，动口、动手、动脑，寻求解答问题的方法。

3. 师生交流，小组合作。

教师必须注重培养学生质疑能力，组织好学习者"学"的活动。通过师生交流、合作小组成员间学习的互动，让学生获得更多的交流机会。

4．课堂练习，分层要求。

教师对课堂练习的设计要注意体现对各层学生的适应性和挑战性。设置由浅入深、由易到难的练习题组和题目，让不同层次的学生都能"各取所需"地选择练习，既保证低层次学生达到学习目标的要求，体会到成功的愉快，又使高层次的学生学有创见，有用武之地。

5．达标检测，总结提高。

要求教师吃透教材，驾驭课堂，对学生通过达标检测所反馈的疑难问题，教师要给予综合归类，选择具有普遍性和关键性的问题，进一步启发引导学生独立思考，力求自行解决，使学生真正体会到解疑后的喜悦，从而增强求知的强烈愿望。

分层次教学的特点是：

1．充分体现以"教师为主导，学生为主体"的教学原则。

突出了以学习者为中心，构建了以学生主动学习、主体活动、积极探索为特征的动态、开放的教学过程。

2．学生的自学能力能够得到很好的发展。

在获取知识的学习过程中，注重让学生以自学方法参加学习活动。如上课前的预习，课堂上的自学，课后的巩固练习，都提倡指导学生掌握学习方法，自己获取知识，而不是让学生静听、静观教师的讲授和操作。这样既能使优秀生的潜能得到很好的发展，又能使学习困难学生增强学习兴趣，使其人人学有所得。

3．因材施教的传统教学原则得到了充分的应用。

教师在备课、上课等各个教学环节中，注重了解和研究学生的差异，进行目标分层设置、施教分层要求、检查分类指导、表扬分层评价，真正面向每一个学生、面向每一个学生的每一方面，让所有学生都能主动地学习。

**4. 培养了学生在学习中的合作精神和参与意识。**

课堂上合作小组成员间学习中的互助，创设了一个让学生能积极主动地参与教学活动，并乐于、敢于表现自己所知、所想、所能的民主氛围，从而使学生获得更多的探索、锻炼和交流机会。

实施分层次目标教学课堂教学模式应注意几个问题：

**1. 要彻底转变陈旧的教育观念和思维定势。**

观念是思想的先导，思想又是行动的先导。先进的观念，开放的思想，创新的意识，可以使我们视野开阔，思路宽广，勇于开拓出课堂教学的新天地。

教师基本的课堂教学要求应该是：一是为学生提供课堂主动学同的条件；二是把方法教给学生，让学生会学；三是增强课堂活力，培养学生质疑能力；四是学会倾听学生意见，培养求知的强烈愿望；五是加强书本知识与学生"生活世界"的沟通。

**2. 教师的备课难度加大。**

分层次目标教学的课堂教学模式，要求教师树立以"学生为本"的教育教学观念，尊重学生的人性发展，努力在民主、平等、和谐的师生关系氛围中帮助指导学生全面主动发展；这就增加了教师讲课的跨度和深度，使备课层面拉宽、难度加大、工作量增多。因此，要求教师要开拓学门的更大空间，精通本学科的基础知识，吃透大纲，驾驭课堂，以渊博的知识和教学艺术满足学生强烈的好奇心和旺盛的求知欲，以适应教学的需要。

**3. 学习过程中，教师要特别关注中等生和后进生。**

分层次目标教学的课堂教学模式，要求对中等生和后进生给予不同层次的目标和不同要求的指导，使长者增长、短者补短，让不同层次的学生都能得到充分发展。这就要求教师要关注中等生的潜力挖掘和后进生的弱项补缺，在中等生的拉动和后进生的推动下不断进步。最终实现全体学生的共同提高。

**4. 要注意发挥合作小组的协作精神。**

按分层次目标教学的课堂教学模式的要求，班级要组成多个含有不同层次学生的合作小组。课堂上要以合作小组的学习为基本形式，相互检查，相互交流；组内互帮互学，组外互相竞争。这样，课堂气氛活跃，学生学习轻松愉快。同时，也培养了学生团结互助、积极向上、集体协作的精神。

**5. 对学生的动态要积极把握。**

学生的知识水平与能力发展是处于不断变化之中的。因此，在教学过程中，对学生知识层面、小组的搭配，要动态地进行把握，视发展情况及时调整，以激励学生不断地竞争向上，但又不可调整过频。

# 制定学习目标

目标，是学生学习的动力和指明灯，它为学生的学习起到了激励作用。学生一旦有了明确合理的学习目标，就会用极大的热情和信心为实现这个目标而努力奋斗的，哪怕是中途遇到了困难和挫折，他们也不会感到茫然，能紧盯目标，咬紧牙坚持下去，从而一步步朝着目标前进。

那么，教师又该如何引导学生制订合理的学习目标呢？

**1. 目标要切合实际。**

学习目标的制订要因人而宜。每个人要从自己的实际出发，结合自身情况制订适合个人的目标。目标不能订得太高，也不能太低。太高了，目标得不到实现，体验不到成就感，会挫伤学生的积极性，打消积极性。太低了，则会失去了前进的动力，不足以激发学生的学习积极性，也体验不到成功的快乐。

**2. 目标要详尽、缜密。**

制订的学习目标要明确、精细、详尽。看后，知道自己该做些什么。

因此，我们要把目标分解。

目标从时间上来分，可分为长期目标和短期目标。长期的，有一学年的，一学期的；短期的，有一月的，一周的，一日的。目标的实现，我们可以分阶段性，先把长期目标分解，降低难度，制订出短期目标，把学习任务具体分配到每周、每天，在时间表上列出计划，我每天都做些什么，完成些什么，这一周我又该完成哪些知识，这一月呢？教师应该引导孩子，从一个个的小目标步步向总目标迈进。

### 3. 目标要有针对性。

如果有些学生严重偏课，那么，他在制订目标时，就要突出薄弱环节的学习提高，针对自身的不足，制订出合理的目标，逐步加以提高。

### 4. 目标要及时检查。

当目标执行一个阶段后，就应当检查一下效果如何。如果效果不明显，就要查找原因，进行有效的调整。我们可以检查一下自己是不是每天按计划去做了，目标任务是否完成了吗，执行效果如何，没完成目标的原因是什么，如何才能改进，等等。通过查找原因，再修订目标，制订出一份可行的学习目标。

### 5. 目标要落到实处。

目标计划制订得再完美，如果不去执行，也只能算是纸上谈兵。所以，教师一定要确保学生制订的目标要严格执行，落到实处。如果学生在执行中遇到了困难，可以借助同学、朋友、父母、老师的力量，来加以提醒和监督，督促检查目标的执行情况。

# 第三章　信心篇：

## 树立信心　不怕失败

爱因斯坦告诉我们："自信是向成功迈出的第一步。"自信心是指对自己的能力与力量所持的一种肯定性态度，是对待自我态度方面的一种性格特征，是后天习得的结果。学生的学习自信心是随着生理、心理的成长逐渐成熟，学生对自己的学习能力所表现出肯定或否定的心理倾向。在学生的自信心培养中，教师主要是对学生学习自信心的培养。学习自信心是指学生对自己完成学习任务、实现学习目标所持有的一种积极的、肯定的反应倾向。学习自信心是以自身的学习能力为认识评价的对象，本质上就是学生对自己所具有能力的一种正确估计与高度自我接纳的态度。

一个人的自信程度与他的成功率成正比，也就是说成功的次数越多，自信心越强；反之，失败次数越多，自信心越弱。其实，学生正是接受新鲜事物和良好教育的启蒙与关键时期，自信心对其性格的形成、成绩的优劣、事业的成败等具有十分重要的直接影响。心理学、教育学的研究成果证实：人的自信心只有很少一部分受遗传因素影响，而环境和教育对个体自信心的形成与增强有着不可替代的作用。这充分说明，自信心的培养是社会教育、学校教育与家庭教育中的一个极其重要的因素。因此，充满自信的人才会全身心地投入到工作学习中去，去研究、去探索、去创新。

对于大多数学生来说，他们对学习产生厌烦，对考试产生恐惧，对成绩产生憎恶，这些都和他们没有树立起坚定的自信心有关。或者说，在学习本身他们是没有问题的，他们的问题其实出在了学习以外。工欲善其事，必先利其器，学生要想好学、学好、会学、学会，首要之事，就是高声对自己说："我能行！"

# 第一节　培养学生的自信心

## 告别自卑

自卑是因为过多地自我否定而产生的自惭形秽的情绪体验，是一种埋藏在内心深处的、自觉低人一等的痛苦感。

（一）学生常见的自卑情绪的类型及成因

**1. 家境贫困带来的自卑情绪。**

现在的社会攀比之风很严重，如有的家长在一起时，总喜欢摆阔、炫耀自己，显示自己的财力、财势，说自己的孩子买的学习用品有多贵，穿的衣服有多好，这个补习班也报了，那个学习班也去了，以自己比别人投入多而沾沾自喜，优越感十足，这些都会间接地对学生产生不良影响。

受父母影响，一些学生也喜欢在学校里摆阔，家庭条件不错的今天换件新衣服，明天买一支新钢笔，常常还用"你有吗"、"你买得起吗"等鄙夷的口气向家境困难的同学炫耀。其中一些家庭经济条件比较差的学生在心理上就会觉得自己差人一等，很没面子，从而产生自卑情绪。

**2. 学习不好带来的自卑情绪。**

学生的任务就是学习，所以他们更多的自卑情绪来自于成绩的落后。成绩不好让他们觉得自己低人一等，智力低下，认为自己笨，这样不自觉地就产生了自卑情绪。

小明是一名小学三年级的学生，长得眉清目秀，就是成绩不太好，总是在班里的下游徘徊，平时也不爱说话，经常一个人坐在座位上看其他同学玩。上课时，很简单的问题他也经常回答不上来，同学们总是说他"笨"，有时还喊他"笨猪"、"傻瓜"、"笨蛋"之类的话。这让小明产生了严重的自卑情绪，说话越来越少，上课总是低着头，生怕老师让自己回答问题，下课了也不再出去，总是离同学们远远的。

其实，像小明这样的学生也有很强的上进心。之所以学习不好，可能是学习方法不对头，或是因为自卑带来的胆怯，让他们有问题不敢问，以至于问题越来越多，成绩越来越差。这种自卑情绪如果任其发展，有可能会发展成自闭症。

### 3. 家庭教育失措带来的自卑情绪。

家庭教育对一个学生的情绪影响是最直接，也是最重要的。有的家庭对学生的管教非常严格，特别是在农村，由于很多家长文化水平低，对子女的教育方式粗暴、单一，对孩子动不动就打骂，从不讲道理。这样往往会给子女留下心灵创伤，使他们变得胆小怕事，沉默寡言。还有些学生家长整天忙于自己的事业，在管教孩子方面却是"严"字当头，采用高压政策，这往往也会造成学生心理上的自卑和行为上的懦弱。

有这样一位学生，其家长承包了很多山园，家里事情很多，但家长从不让孩子参与劳动，就只要求孩子读好书。孩子成绩好点，家长认为是应该的，从不表扬；但孩子成绩差点，则严厉打骂。后来这位学生压力很大，成绩总是提不上来，最后变得沉默寡言，对自己失去了信心，认为自己很笨，不是读书的料，自卑情绪越来越严重。

这就是家庭教育失措带来的后果。

### 4. 外形条件差或有缺陷带来的自卑情绪。

有些学生对自己的外形条件很在意，看到同学容貌长得漂亮或身材苗条就非常羡慕，从而对自己或胖或不够漂亮的外形产生了自卑情绪。有的学生则是自身有一定的缺陷，如残疾，他们觉得自己不是一个正常的人，与同学有差别，以致产生了自卑情绪。

有一个很普通的女学生，她从来不与别人交谈，只是向同学和老师莞尔一笑。开始老师以为她是个哑巴，或是智商有问题。后来经过老师一段时间的观察，终于发现她为什么不喜欢与别人说话了。那是因为班里的同学都嘲笑她，嘲笑她长相难看与身上的臭狐味。在军训的时候，她不好意思去洗澡，同学们却说她不干净，不喜欢她，这对她的打击非常大。

来自同学的嘲笑，使这位同学感觉很没面子，从而使得本就内向的她因此失去了对自己外表的信心而自卑。

### 5. 失败阴影带来的自卑情绪。

自卑多源于失败。曾经的失败让人刻骨铭心，而消极心理未能得到及时调节，一旦产生"我不行"的心理定势，就会"一朝被蛇咬，十年怕井绳"，背负着失败的阴影。因此，有自卑情绪的学生很难再燃起自信的火花。

自卑乃"自以为卑"，其实这类学生并非真的不行。他们有过成功的经历如曾经是小学里的优秀生，当进入初中后，面对众多成绩优异的同学的竞争可能因某一次成绩考得不好，于是产生了自卑情绪，就认为自己不行了。

个人的错误观念和错误的做法常常蒙着自卑者的眼睛使他们越走越远。因失败而带来自卑情绪的学生对自己缺乏正确、全面的了解和认识，常常去做超出自己能力的事情，自然难尝胜利的美酒；从小在赞扬声中度过，"我是第一"的观念根深蒂固，进入中学后在群星荟萃中表现平平，从而带来了巨大的心理落差；争强好胜，希望在每一个方面都超过别人，却又选择了一个不恰当的对手，等等，都会引起这类学生的自卑情绪。

学生有自卑情绪并不是什么可怕的事情，只要教师及时发现，及时矫正，这种不良情绪是可以消除的。教师在教育时要透过问题的表面，找到主要原因，然后根据学生的个性特点，有针对性地设计好教育方案，"对症下药"，从根本上消除学生学自卑情绪。

自卑情绪是压抑自我的一种沉重的负担，过于自卑无异于自毁。这种不良情绪的形成对学生的成长极其有害，因此教师一定要及时发现，及时纠正。

1. 多关心、鼓励自卑的学生。

有自卑情绪的学生，一般人际关系较差，比较孤独，而且在多数情况下表现得都很差，很不自信。作为老师，对有这样情况的学生要多加关心、鼓励。多安排他们做力所能及的事，当他们做完事情后，要给予充分的肯定，多给他们一点成功的体验，然后再安排他们做能做好的事，然后再鼓励、肯定。这样通过多次肯定，逐步树立起他们的信心，从而克服其自卑情绪。

2. 多与有自卑情绪的学生加强交流。

有自卑情绪的学生通常都有一个明显的特点，那就是很在乎别人对自己的评价（尽管他们表面上常予以否定）。因此，在教育实践中，教师要经常和这些学生保持接触、交流，深入了解，有耐心地去倾听自卑学生的心声，与他们做深入的交流，然后给他们以自信。

3. 让自卑的学生勇于自我肯定。

每个人都有自己的长处和优点，有自卑情绪的学生往往看不到自己的长处，找不出自己的优点，他们总感到自己一事无成，万事不顺。事实上，我们通过细心观察、仔细寻找就会发现，他们其实都有自己擅长的一面。如有的学生虽不善于表演，但却擅长布置教室，善于出板报等。老师可以让有自卑情绪的学生多做一些力所能及的事，并学会自我鼓励、自我暗示："没关系，我能行"、"我能干好"，"我感觉不错"等。事情办成后，既得到了自我满足，也得到了他人的肯定，自卑情绪慢慢就会消除。

4. 让自卑的学生多结交一些自信的好朋友。

有自卑情绪的学生由于不爱说话，沉默寡言而缺少朋友，或者因为过于表现自己、掩盖自卑而显得不够真诚，从而难交知己。教师要多加观察，鼓励有自卑情绪的学生去寻找一些自信的同学作为朋友，双方多沟通、交流。

一个好朋友可能会改变一切。因为一个真诚的自信的朋友会帮助、鼓励、支持有自卑情绪的学生，会听他倾诉烦恼，也会与他分享快乐，同样也会指出他存在的问题，帮他想出克服的办法。另外，有几位自信的朋友本身也是一种对自我的肯定。

但是，如果让有自卑情绪的学生一下子去交很多朋友，可能会让事情变得更糟糕，朋友越多产生的矛盾可能越多，本身就不善于处理人际关系的自卑学生这时就会更加苦恼，这样对消除自卑不但无益，反而更加有害。

### 5. 让自卑的学生学会忘记。

学生的自卑情绪有时是由于过去所经历的挫折、失败而导致的，他们往往难以从过去挫折、失败的阴影里走出来。过去的失败体验就像一个小魔鬼，在他做事之前就会自动地冒出来缠住他，且挥不去、赶不走。而这样的结果只会事事不顺，越来越糟。所以，教师要教会有自卑情绪的学生学会忘掉过去失败的经历，不要总用老眼光看现在的自己。要告诉他们一次失败不代表永远都会失败，不要因为过去的一点点失败而阻断今后发展的道路，要努力从过去失败的阴影里走出来。

### 6. 让自卑的学生学会自我欣赏。

这个方法主要是针对因为外形而产生自卑情绪的学生。教师不妨试试这个"小偏方"：让这类学生选一张自己最满意的照片，悬挂在家里，经常欣赏一下，时间一长，就会觉得自己其实也不错。

千万不要忽视端正的外表。一个衣冠不整的人想要建立自信是不可能的，就像整天愁眉苦脸的人想要心情愉快也很难。注意外表形象将会帮助这类学生看重自己。

自卑情绪有时是难以克服的，可能会陪伴学生的一生，影响他们的一生。对此，教师应予以重视，要善于捕捉他们的"闪光点"，肯定和表扬他们的每一点进步，告诉他们"你能行"，从而点燃他们心灵的星星之火，让他们体会到进步的喜悦，并努力为他们创造体验成功的机会，与家长共同努力帮助学生克服自卑、战胜自我。

相信只要教师的方法得当，有针对性，帮助学生找回自我、树立自信、战胜自卑肯定不是什么难题。

# 尽信书则不如无书

还记得小学语文的那篇有关长城的课文吗？

那篇名为《长城》的课文中有这样一段话："从飞往月球的宇航员所拍摄的地球照片上，能清楚地看到我国的长城。"

"哇，在月球上能看到长城！"

于是，一代代小学生从小就处于这样一种"民族自豪感"的包围下，对长城的向往也在一点点积累。

等到长大成人，如果有机会到北京求学或游览，除了天安门，长城就成了每个人心中最想去的地方，"不到长城非好汉"！

于是，在我们的潜意识里，万里长城不仅是古代中国劳动人民的伟大创造，也是中华民族精神的象征，更是我们中国人的骄傲。在月球上都可以看到这一人工奇迹，长城在我们心目中能不伟大吗？

可是，突然有一天，有人说："课本上的这种说法是错误的，在月球上根本看不到长城。"作为老师，您会怎么反应？

除了被击碎的"民族自豪感"，还有什么？

震惊？无法相信？怎么会？

课本里居然也有错误的地方？

事实的确如此，早在 2001 年之前，"太空看长城"的荒谬已经一再被科学家和国外宇航员所证实。

第一批登月的两名宇航员之一的奥尔林德在接受香港媒体采访时，就曾强调在太空可看长城的说法是误解，是"由于人们对事实不了解所造成的"。

"神六"发射成功后，我国首位进入太空的航天员杨利伟再次明确否定了这一说法。

而据有关报道，目前小学教科书第七册《语文》第 20 课《长城砖》中依然有这样一段话："一位宇航员神采飞扬地说，'我在宇宙飞船上，从天外观察我们的星球，用肉眼辨认出两个工程：一个是荷兰的围海大堤，另一个就是中国的万里长城'！"

姑且不论教育部门面对这种谬误为何不进行纠正，单说老师在课堂上应该如何处理课本中的这种错误现象呢？

是视而不见，依旧照本宣科地宣传这种"伟大"呢，还是直面现实，告诉学生事实并非如此？

这确实是个问题。

世界上本没有十全十美的东西，任何事物，只要用心，都能发现它们的纰漏与不足。身为教师，我们必须还原事物的本来面目，引导学生探寻所有的已知和未知，探寻所有的美和丑。因为学生有权知道真相。让学生不迷信书本的几个要点：

## 1. 一切事实以科学为依据。

人非圣贤，孰能无过。我们不能苛求课本上的一切东西都十全十美，没有纰漏。因此，我们应该遵循对待事物最基本的原则：实事求是。

## 2. 不唯名人是听。

名家名作，一旦进入教材领域，它的身份就变了，它就从一般的著作意义转化为教材意义了，它就应当为教学服务了。也因此，教师如果在备课过程中，经过多方验证，发现了某处失误，在课堂上就应该实事求是地向学生们指明这一点。

当然，我们的目的并不是要否认名家自身，而是为了引导学生正视一个道理：人不可能不犯错误，关键在于如何避免犯类似的错误。

## 3. 课前做好准备工作。

教师要想在课堂上将教学内容演绎得丰富多彩，将课本中的谬误展现在学生面前，就要看自己课前对课本的认识程度如何。

可以这样说，教师自身的认识水平达到怎样的高度，就能引领学生的思想登上怎样的高度。如果教师的思维仅限于最一般的层次，那么学生的思维也就很难突破这个层次，如此一来，谬误也就永远是谬误了。

# 第二节　鼓励学生进行发散思维

## 创造力

人才最本质的特点在于创造。独立创造性是天才的基本特征。对于教育工作者，教育家陶行知在他的《创造宣言》中早已指出："教师的成功，是创造出值得自己崇拜的人。"换个说法，可以说教育的终极目的是培养具有创造力的人。

在课堂教学中，如何提高学生的创造力已成为当前学校教育普遍关注的问题。很多老师都善于引导学生去"做"某个与课本知识相关的东西，由此让学生在"做"中"学"到理论知识。

有一个叫洪兰的华人，以前一直在美国教书。1990 年他回到中国，他的孩子也同时回国读小学。然而，麻烦便开始出现了：孩子插班去读小学三年级，第一次月考时，满堂红，全部不及格。

洪兰先生对此愤愤不平，认为问题不在孩子，而在老师。因为那张考卷的标准答案非常死板，完全不让孩子有想象的空间。

例如，自然科的考卷中有一道问题：蚯蚓喜欢生活在（1）沙滩（2）大树下（3）菜园里（4）水沟中。标准答案为（3）菜园里，但事实上任何阴湿的地方都可以找到蚯蚓。

洪先生的儿子选了（2）大树下，因为他在美国的家的后院有棵水蜜桃树，每年夏天都果实累累，常常是人们来不及吃就掉下来，在地上积起厚厚一层烂桃子，因此大树下真的有无数的蚯蚓在那里钻动。所以孩子很自然地就选了大树。数学没及格的原因是他在美国学的做除法的方式与我国老师所教的有一些不同，答案虽然是对的，但是写余数的方式与中国的写法不一样，老师全部给他半对，扣去一半的分数。

洪先生的孩子认为老师不应该扣他分，因为他认为只要他会做，得到同样的答案，用什么方式应该是他的自由。

在往后的3年里，孩子的这个想法给他自己带来了极大的痛苦。因为他一旦学会一个方法，不会始终用同一种方式去做题目，每次都想找捷径，尝试新的方法；对标准答案他也很不能接受，常去找老师争辩。最后的结果是老师不喜欢他，同学也不喜欢他，上学变成了很痛苦的事。他开始逃学，继而发展成身心症，一上学就生病，不上学却好好的，闹了很多年。最后，他又回到美国学校上课，这种情况才开始好转。

曾有人评价中国的教育，"小学是'听话教育'，中学是'分数教育'，大学是'知识教育'"。

在应试教育的背景下，老师、家长、学生都奉行分数，认为分数即代表能力，扼杀了学生的个性和想象力，进而演出了一场洪先生儿子的"悲剧"。如今，人类进入了一个前所未有的新时代，这个时代被人们冠名为"知识经济"时代。分数已经不能代表一个人的能力高低了，人们更注重的是动手能力和创造力。作为一个教育工作者，我们应以此作为警钟，不能再让"悲剧"重演。

有学者估计，现在世界知识大约每7年翻一番。有资料表明，现代社会知识的生产速度越来越快。在这样的大背景下，如果我们没有一支具有创新精神的教育队伍，没有一批为教育事业甘愿付出创造性劳动的教师，没有一群具有很强创造欲望、创造能力的学生是不行的。我们的创造力教育在企盼着诞生、发展，在企盼着生根、发芽、开花和结果。

美国创造学家奥斯本在《创造性想象》一书中指出："一个国家的经济增长和经济实力与其人民的发明创造能力和把这些发明转化为有用产品的力紧密相关。"

缺乏创造意识和能力，无论是国家、民族还是企业个人，都将失去生存的根基。而培养学生创造力的关键在于教师！只有在教师的悉心指导下，学生的创造力才能一点点积累，一步步形成。那么，教师该如何培养学生的创造力呢？

## 1. 启发式教学是培养学生创造性思维的基本方法。

为了在课堂上调动学生开动脑筋，我们可以采用启发式教学方法。教师根据每堂课要传授的基本内容，归纳出几个问题，用提问或讨论的方式，鼓励学生发表个人想法。哪怕是学生发表了错误的见解，教师也要热情引导，绝不能批评、嘲讽。

教师应该在讨论中循循善诱地启发引导，并做出总结，肯定学生正确的一面，纠正学生错误的一面。无论是课堂讨论，还是课外作业或考试，都要鼓励学生进行创造性思维，发表自己的见解，而不能要求学生死背书本。

2. 培养学生的非逻辑思维能力。

微观上，教师要鼓励学生善于抓住平时的"思想火花"，因为日积月累的"思想火花"可以结出"思维之硕果"。

中观上，在传授教学内容时，教师应纵向上促进学生进行大步骤思维，加大学生思维前进的跨度与思考的空间；横向上加大联想的跨度，引导学生把不同的事物与所探索的问题联系起来。

宏观上，在教学过程中，教师应有意识地给知识以一定的模糊度，让学生有大胆探索与预测的机会。

同时，教师还应培养学生树立整体观念，因为"结构的理解能使学生从中提高其直觉地处理问题的效果"。

3. 以表扬为主，充分调动学生的积极性。

教师不得体罚学生，不能打骂或威吓学生，更不能向学生施加压力。相反，教师应善于发现每一个学生的闪光点，以表扬为主，鼓励学生进步。

学校应把爱国主义和思想品德教育，渗透到课堂教学和课外活动之中，让学生自然地接受。

4. 与课外活动结合，拓宽知识面。

教师可结合动、植物课程的教学，将课堂搬到动物园、植物园去，以便学生把书本知识学活，拓宽知识面，从小培养起保护生态环境的意识。

5. 减轻学生负担，让他们有充分的时间和精力发展个人特长。

教师最好在课堂上解决问题，不要给学生布置过重的课外作业，让学生有充裕的时间去发展个人的兴趣爱好。例如，学生有的可以利用课余、周末和假期，去从事体育锻炼；有的可以去图书馆、博物馆、科学馆等，拓宽自己的知识面；有的可以去旅游，了解大自然；有的可以选修校内、外的提高课，超前或加深现有的学习；有的可以在老师指导下，从事教学实验或开展科学研究等，这样，学生的个人特长便能得到充分的发挥。

6. 充分利用现代电化教学手段。

利用现代电化教学手段进行教学，老师给学生演示讲授提纲，摆脱了上课老师在黑板上写，学生在下面抄的老办法，大量节省了教学时间。老师还可以利用这些手段进行各种形象化的讲解和演示。

7. 成立课余兴趣小组，发展学生业余爱好。

学校的实验室要对学生开放。让学生在老师的指导下，自由选题，开展不同层次的实验研究，以培养学生分析和解决问题的能力。在教学和课外科技活动中，要着力发现尖子学生，一旦发现特殊人才，老师应个别指导，特殊培养。

8. 因材施教，充分挖掘每个学生的学习潜能。

学校除开设必修课外，还可开设一系列选修课和选修实验。老师要鼓励学生根据个人基础和爱好，选学某些课程，让学生能飞的飞、能跑的跑。

# 想象力

一位美国儿童放学回家，指着盒子上的 OPEN 中的"O"说："妈妈，我认识这个字母，是'O'。"

母亲问："你怎么知道的？"

孩子说："是老师教的。"

这位母亲便以老师过早地教孩子认字、扼杀了孩子的想象力为由起诉学校。理由是：本来孩子可以将 O 想象成鸡蛋、西红柿或者其他别的东西，而现在他想象的翅膀被老师的硬性教育给折断了。

令人难以置信的是，在我们看来这位有些无理取闹的母亲最后竟然赢得了法院的支持，获得了赔偿。

在中国，这样的事很可能是另外一种情形。

成成上小学一年级，有一次，他拿着语文测试卷子回家，成成妈妈一看做错的那道题就气不打一处来。试题很简单："一条凳子（）条腿"，答案当然是"四条腿"，而成成竟然写了个"两条腿"。

成成妈妈大发雷霆训斥成成"是不是脑子有问题"，成成却委屈地说："我看见过两条腿的凳子！"

可不是吗，谁说只有四条腿的凳子？可是老师的标准答案就一个，除此之外，都是错的，就要扣分。扣掉一分倒没什么，可怕的是孩子的想象力受到了挫伤，再也不敢展开想象的翅膀在广阔的空间里任意翱翔了，否则就会被视为"问题少年"。

而关于爱护孩子的想象力，又让我们想起了丰子恺先生的故事：

有一次，丰子恺的小女儿阿宝把自己的鞋子穿到了圆凳子的脚上。正在做针线的妻子看见，心疼鞋子的布里子给弄脏了，呵斥一声之后，把孩子抓到凳子上打了几下。

正在窗前写作的丰子恺对于妻子的做法很不以为然。在他看来，孩子明明是在发挥其创造性的想象力，对孩子的创造性想象加以粗暴的打击，太煞风景了。

于是，丰子恺提起了毛笔，画下了一幅日后非常著名的漫画。画面上，一个女孩子全神贯注地蹲在圆凳子边上，用两双颜色不同的鞋子，为每一只凳子的脚上穿上了一只鞋子。画面上丰子恺写了和那漫画一致的笔墨文字："阿宝两只脚，凳子四只脚。"寥寥几笔就把儿童天真活泼、充满想象的无邪童真表现出来了。

英国科幻作家亚瑟·克拉克（Arthur Clarke）在天文学及太空科学方面获得了令人瞩目的成就。长久以来，他对许多政府的科学决策都产生了非常大的影响力。

在中国，如果出了一两个科幻作家，那么他们考虑的最重要的事情，是去怎么搞个书号，这个，恰恰和想象力无关。

有先哲曾经说过：如果人类的祖先没有想象力，今天的我们就会依然蜷缩在树上或者山洞里，身上裹着树叶或者兽皮。

毋庸置疑，想象力推动了世界的进步。没有爱因斯坦的冥思苦想，核武器就得晚那么几十年才能拿出来吓唬人；被核弹吓破了胆子的日本人脑子却没锈掉，依靠想象力给世界带来不计其数的低廉好使的电子产品。这些都是在技术领域，想象力带给人类的好处。

在艺术领域，中华民族早期的幻想可谓比比皆是。比如，有人说《封神榜》中的雷震子是最早的个人飞行器，嫦娥奔月甚至被一些人奉为女权主义的经典文献。但是这种东方式的浪漫幻想和"深度撞击"背后的科幻理念还是大相径庭，好莱坞的大片《天地大冲撞》简直就是这次撞击的电影版。

仔细追究，西方的想象力是一种敢想敢干的主观意识，有非常强烈的实践色彩。在《星球大战》面世后的近30年里，许多人在"光剑是由什么材质制造的"等问题上，能比较脚踏实地地去想。

1878年，爱迪生在门罗帕克实验室最初点亮的白炽灯只带来8分钟的光明，但是这短暂的8分钟却宣告了质的飞跃，世界因而变得一片辉煌。

老师们，让孩子们插上想象的翅膀，自由地翱翔吧。因为孩子们的想象力，就是世界的未来！

教师如何唤醒学生的想象力呢？

## 1. 巧设疑问，唤起注意，创造想象情境。

比如，老师在教白居易的《卖炭翁》时，先提出这样一个问题："假如有一个老公公踩着积雪，拉着一车炭去卖，还遇上了坏人，那你们能想象得到是怎样的情景吗？"这样，可以让学生马上展开讨论，发挥想象，然后老师再引入教学内容，学生的注意力也就被深深地吸引住了。

## 2. 运用多媒体教学，活跃学生的想象力。

制作有声音、有画面、还可以配上歌曲的多媒体的课件，把学生带入所学的内容意境中去。让学生通过看、听、写的方式，理解教学内容，并展开丰富的想象，创造出新的艺术形象。上面"音画"结合的案例就是如此：让学生先聆听音乐作品，感受音乐特点、情绪，根据自己的经验，理解音乐，展开想象。

3. 续写课文和故事后传，让学生展开想象。

比如，学习了《孔乙己》后，老师可以要求学生就课文的结尾，展开想象，续写孔乙己的结局。再如，学习了《将相和》后，我们可以"如果将相不和会出现什么样的结局"为题让学生进行再创作。这样也能有效地训练学生的想象力。

4. 出示物件，引导学生想象。

物件容易激发学生的兴趣，提升学生的学习热情。老师可以通过物件，引发学生想泉，再将学生的求知欲融入所学内容中，往往会收到意想不到的效果，而且这样学生也容易接受。譬如，将一幅狼牙山五壮士的画拿来，让学生想象五壮士当时的心情。

培养好了学生的想象能力，学生就能举一反三，在熟练运用已学过知识的基础上，充分展示自己的创新才能。

因此，在教学中，教师应利用各种有效途径，抓住多个有利时机，注意有机地挖掘可以培养学生想象的"孔隙"，自然地、有目的地培养学生的想象力。

# 第三节　多用肯定和表扬的话语

## 赞美

没有阳光的普照，我们就无法茁壮成长。赞美就像照在人们心灵中的阳光，会使人们精神焕发；相反，尖刻的批评会使人灰心丧气，让人对未来充满了失望。因而，应该让赞美的阳光普照四方。

清代才子袁枚二三十岁就名满天下，出来做县长，赴任之前，去向老师——乾隆时的名臣尹文端辞行请训，老师问他年纪轻轻去做县长，有些什么准备？他说什么都没有，就是准备了一百顶高帽子。老师说年轻人怎么搞这一套？袁枚说社会上人人都喜欢戴，有几人像老师这样不要戴的，老师听了也觉得他说的有理，心里非常高兴。当袁枚出来，同学们问他与老师谈得如何？他说已送出了一顶。

人人都需要赞美，需要被认可。大人如此，何况孩子。因此我想告诉所有关爱孩子成长的教师们，调动孩子最好的办法就是：不要吝惜给予他们赞美。

赞美的本质是让每个学生都找到好学生的感觉，赞美的目标是让每个学生享受到自信的快乐。

老师如果能用敏锐的目光及时捕捉学生身上的闪光点，用赞美性的话语给予鼓励、肯定，就会使优秀的学生百尺竿头更进一步，表现一般的学生奋发进取，后进的学生"重新做人"，后来居上。

所以，教师应该做到：

第一，当学生正处于低谷时，尝试去赞美他。

从心理学的角度讲，每个人都需要善意的赞美。善意的赞美实际上是一种投入少、收益大的感情投资，是一种驱使人奋发向上、锐意进取的动力源泉。

较之优秀生，后进生更需要教师的赞美、鼓励。因为他们由于长期受歧视、遭冷落，一般都很脆弱，对外界极敏感，对他人心存戒备，看起来好像缺乏自尊心，实际上他们的内心深处极渴望老师的理解、信任，他们仍然十分在乎老师对他们的评价，尤其是身上毛病多的学生，有的教师对该生的批评也经常是攻击一点还及其余，挖苦、讽刺、揭伤疤，严重刺伤了他们的自尊心、增加了教育转化的难度，甚至造成严重的教育失误。

第二，设专栏的赞美方法。

长沙县星沙中学的两位教师曾经尝试过这种方法，效果非常不错。

他们在班级后墙的黑板上设一个"一鸣惊人"的专栏，让每一个同学都有可能"一举成名"——也许是因为学习刻苦了，成绩进步了，也许是卫生工作特别认真，也许是因为为困难的同学捐资助学数额最大……这种形式的表扬不但对被表扬者是一个激励，而且对增进同学之间的了解和友谊，建设一个积极向上的班集体都极有好处。

第三，拟批语的赞美方法。

在批改作业时，除了打上等级之外，还可以根据学生的作业情况写上"工整"、"字写得太漂亮了"、"有创造性"等批语。这样的批语使学生获得一种成就感，能有效地调动学生的积极性和创造欲，从而提高了学习效率。

除此之外，老师还可以通过每期给学生写两封信（可以是评语）的形式，对学生进行赞扬。

但赞扬的时候一定要具体、适度。如讲"你最近表现不错"就不如说"你最近在学习英语方面用功多了，书写工整，课后积极向同学和老师请教"更有效果。又如，讲"你是年级里最好的学生"这样的表扬，对被表扬者来说，容易形成以自我为中心的人格特征，不利于被表扬者的正常发展。

第四，送"喜报"的赞美方法。

可准备印制精美的"喜报"数张。当学生在某一方面表现突出或取得进步时，他的家长就可得到教师亲自填写的"喜报"。这种"喜报"价值不大，作用可不小。它不仅能强化学生的优点，更能沟通学生、老师、家长之间的感情，有助于强大的教育合力形成，可谓一举多得。

赞美是种胸怀，是一门艺术，是一种能力。只要老师们恰如其分地运用好它，工作就一定会更加出色。

# 表扬

有这样一句话："不是聪明的学生常受表扬，而是表扬会使学生更聪明。"

的确，老师及时而适度的表扬往往是促进学生转变和前进的催化剂，它会使学生尽力将事情做得更好，更重要的是使学生自此树立起了自信心和责任心。

许多人都知道爱因斯坦小时候的一个故事。

爱因斯坦在上小学时，老师让学生交一件手工作业。爱因斯坦把一只又笨拙又简陋的小板凳交给了老师。老师看后很不满意，爱因斯坦又从身后拿出了两只更为丑陋的小板凳，对老师说："老师，这是我第一次和第二次做的，交给您的是我第三次做的。它虽然不好，但是比这两只要强一些。"

为什么有些孩子总觉得自己比别人矮一头，是班级里的差学生，总也抬不起头？这常常和我们老师不能正确地看待学生，不能恰当地评价学生有很大关系。

作为一名称职的教师，在表扬学生进步的同时，我们不应忘记：

首先，把学生带进知识海洋的"法宝"，不是苦口婆心的"教导"，而是给予热诚的表扬和鼓励！表扬作为教育教学过程中激励学生不可缺少的手段和方法，有时会取得事倍功半的效果。老师要搞好教学工作，必须要善于发现每一位学生身上的闪光点，了解他们的每一点细微的进步，把表扬作为教育教学的一个巨大的魔法。作为老师要在细微之处见真谛，善于在平凡中找出不平凡，要通过表扬走进学生内心世界，从信任、尊重、激励、热爱生命、善待生命的高度发现和挖掘学生潜能。

其次，曾有人认为表扬学生不过是给学生戴戴"高帽"，好话多说点不会错。其实，只有恰当而准确的表扬才能使学生明确自己的长处和优点，激起学生的进取心和荣誉感，使大家产生一种羡慕、向往的心理，从而树立良好的风气。相反，那些信口开河、随心所欲的表扬，有时不仅起不到鼓舞激励的作用，反而会使老师威信下降。而如果表扬的时机抓得不准，也会使一些处于自负、骄傲心理状态的学生自以为是。因而，教师一定要明确表扬并不是一种教育过程的结束，而是一种教育过程的新起点，不要为表扬而表扬，应预想到表扬的客观效果。

我们要根据学生的不同特点，抓准表扬学生的时机，运用恰当的表扬方式，讲究表扬的效果，使表扬真正起到鼓励先进、促进后进、树立良好风气的作用。法国教育家卢梭曾经指出："表扬学生微小的进步，要比嘲笑其显著的恶迹高明的多。"对于学生来说，表扬无异于小树苗成长过程中的阳光和雨露，尤其是对于有缺点和错误的学生，表扬会使其原有的一点优点越变越大，缺点越变越小，师生之间的关系也越来越融洽。"赠人以言，重于珠宝"，当老师真诚的表扬流淌到学生的心田时，也许在你面前站着的便不再是丑小鸭，而是正欲展翅的白天鹅。

## 奖励

如果说赞扬是抚慰人类心灵的一缕暖阳，那么批评就是人类灵魂赖以借鉴的一面镜子，能让人更加真实地认识自己。但人类天性"趋赏避罚"，所谓"忠言逆耳"，批评一个人要比表扬一个人困难得多，因此，批评更要讲究技巧和艺术。

老师批评学生的目的只有一个：帮助学生改正错误，使其不断进步。只有充分理解了这一目的的单纯性，老师在批评学生时才会控制好自己的情绪，避免粗口、脾气暴躁。

只有努力提高自身的修养，对学生充满爱心，用发展和期待的目光看待学生，才能避免过激的言语，做到尊重学生人格，不轻易打击学生自尊。如果批评时也能时刻想到"环保效应"，让每一个学生都生活在"绿意盎然"的环境中，必定能促使每一个学生茁壮成长。

李老师刚进入教坛时，心里既快乐又紧张。他的脑海里不时地显现出一张张学生的笑脸，还有他们认真听讲的表情，有大声读书的神态，有回答问题的自信，有快乐玩耍的身影……

当然，李老师是充满了信心和热情走上讲台的。他对每一个学生都很友好，对学生微笑，用很柔和的声音和他们说话，还常常利用课外活动的时间给他们读文章，讲故事，和他们谈天说地……

但是，李老师却明显地感觉到——学生们好像并不太领他的情。

在课堂上，他们的纪律特别不好，总是乱糟糟的，安静不下来，有大声的争吵，有刁难的问题，有不怀好意的笑声……尤其是一个叫徐放的学生，总是带头说话、离开座位、扔东西、和同学吵架，毫无顾忌。甚至李老师讲完了某一疑点后，他竟然恶作剧地举手说听不懂，李老师问他哪儿听不懂，他说都听不懂。

放学后，李老师留下徐放，想给他补课。可他竟然头也不回，抬脚就走了。

这一切，都让李老师的心情极其烦躁。他缺乏教学经验，搞不懂学生为什么会如此不理解自己！他带的那个班很快就成了学校最出名的差班，学生们的成绩十分糟糕。家长和任课老师的意见都很大，校长为此找他谈了好几次话。

李老师的满腔热情几乎被浇了个透心凉，但他没有失望，决定放手一搏。于是他看资料找对策，向有经验的老师请教……不久，一个"擒贼先擒王"的计划在脑中逐渐清晰起来。

教师节后的第一天，李老师刚回到办公室，就有科任老师向他抱怨说："我实在没法管徐放了，他居然在课堂上动手打同学。你作为班主任，赶紧管一管吧！"

李老师一听，，心里不免一喜，实施自己计划的时机来了。但他脸上并没有表露出来，而是安慰了科任老师一下，并保证自己一定会管好他。科任老师听李老师这么说，也不再说什么，嘟囔着坐在了自己的位置上。

放学后，李老师把徐放留在了办公室。师生两人沉默了好久，谁也没有开口说话。李老师只是盯着徐放看，眼睛一眨也不眨。而徐放呢，刚开始还是一副吊儿郎当，无所谓的样子，而现在被老师盯得心里直发毛。

最终，徐放受不了了，他主动开口说："今天打人，是我不对！"说完这向后，他低着头，等着老师的"批斗"。

然而，让徐放想不到的是，李老师居然微笑着说："徐放，我发现你有一个大优点。"

徐放狐疑地抬起头，看着李老师，满脸的不安。

"你知道我为什么叫你来办公室吗？"李老师接着问。

徐放低声说："因为打架……"

"不对！"李老师接过徐放的话说，"是因为你的那个大优点，你知道你自己的那个大优点吗？"

徐放摇了摇头。他已经彻底被老师的话搞蒙了，原以为挨一顿训后就能回家，但是现在内心七上八下的，不知道李老师葫芦里卖的什么药。

李老师拉过一把椅子，示意徐放坐下。徐放小心翼翼地坐了下来，这时，一句更让徐放震惊的话从李老师的嘴里徐徐地说了出来："我想让你当班长。"

徐放差点从椅子上掉下来，哆哆嗦嗦站起来，再也不敢靠近椅子一步。李老师微笑着拉过他坐下，继续说："因为老师觉得你很有领导才能，在同学中也很有威信，可以说是一呼百应。这就是老师说的，你最大的优点！怎么样，愿意当这个班长吗？"

这时，徐放的眼圈已经红了，他哽咽着说："从来没有老师这样对待过我，我犯了错不批评我，还让我当班长。我从一年级的时候就梦想着自己能当上班长，可是我始终学不好，也就彻底放弃了。"

李老师摸了摸徐放的头，说："老师知道你上课捣蛋都是故意的，你是想引起大家对你的关注，对不对？"

徐放已经彻底抑制不住自己了，"哇哇"地哭出了声。李老师继续说道："老师知道你会成为一个称职的班长，也相信你能把学习做好。明天来上课，你就先跟被你打的那个同学和科任老师道个歉，好吗？"

徐放使劲地点了点头。

从此以后，徐放像变了一个人一样。学习开始积极努力，课堂纪律更是带头作出表率，将班长这个职位当得非常称职。

当然，几年之后李老师也成了一位经验丰富的教师，并连年被评为优秀教师。

老师也是人，也有七情六欲、喜怒哀乐，但老师更是一种神圣特殊的职业，这个职业有它独特的要求。在其位谋其职，既然选择了这个职业，就应该时刻牢记自己教书育人的职责，即使在学生做了错事时，也要控制好自己的情绪，不要让愤怒冲昏自己的头脑，做出缺乏理智的行为。

老师在批评学生时，不要直截了当地进行当面批评，而应该先平和自己的心态，了解事件真相后，充分肯定和表扬其长处，使受批评者自我反省进而认识过错改正过错，这一现象在批评心理学中被称之为"反弹琵琶"，可以达到不伤害学生自尊心的"环保效应"。

李老师采用的就是"反弹琵琶"式批评的经典范例。他通过让徐放当班长，使批评达到了最佳的效果，很值得我们老师参考。然而，要使"反弹琵琶"发挥其效用，个人的情绪管理起到了至关重要的作用。如果没有一个平和的心态，不能把批评看做是既要使学生口服更要使学生心服的一种态势，也不会起到积极的效果。

那么，"反弹琵琶"式批评为什么会有如此好的效果呢？

首先，"反弹琵琶"式批评会引起受批评者的心理反差。在一般人的常识中，犯了错误就应该接受批评，有些脾气暴躁的老师甚至会加以体罚。如果老师不能很好地控制自己的情绪，任何学生犯了错误都会做出相同的处理——马上给予严厉的批评指责，学生就会产生一种交易心理，即"犯错误——接受批评"。这种一对一相扯平的交易心态，起不到任何知错改错的作用。而"反弹琵琶"式的批评，让犯错的学生首先得到的是老师的肯定与表扬，在他们的内心就会进行自我反省——犯了错误老师还表扬我，我是不是真的做得有点过了呢？我也是有很多优点的，以后不能再犯这样的错了，不然太对不起自己的这些优点了……学生在这样的反省中，就会主动下决心改正错误。

其次，"反弹琵琶"式的批评具有极强的感化作用。学生在犯了错误之后，心理都会比较脆弱，一面战战兢兢地等待老师的批评，一面又会产生自责、自卑的消极情绪。而"反弹琵琶"式的批评就会使犯了错的学生感觉到，老师并没有瞧不起自己、讨厌自己，甚至惩罚自己，反而肯定了自己的优点，鼓励了自己，甚至赏识自己。这样，他们的心灵就会被感化，从而认识到自己的过错，决心痛改前非。

"反弹琵琶"式的批评如果运用得当，对于学生的知错认错能起到很好的效果，但这种批评方式的使用需要老师具有很高的批评技巧，不恰当地使用会使批评的效果大打折扣，甚至适得其反。

罗丹曾说过："对于我们的眼睛，不是缺少美，而是缺少发现。"因此，要想运用好"反弹琵琶"式的批评，首先就要善于发现学生身上的闪光点，尤其要从学生的错误行为中发掘出值得表扬之处，哪怕是极其平常的细节也要积极利用。

有一位上课老开小差的学生，喜欢在课堂上摆弄火柴棍，这天被数学老师逮了个正着，没收了他的火柴棍并严厉地批评了一番，随后又把他交给了班主任。班主任就对全班同学说："过去某某同学摆弄火柴棍是为了好玩，但今天摆弄火柴棍是为了更形象地再现几何图形，这是一个进步。如果针对每种课业性质，他都能用某种介质在课堂上形象地再现出来，而不仅仅是摆弄火柴棍，他一定能在学习上取得很大的进步，成为一名好学生。"班主任的话使他十分激动，赶紧承认了自己的错误，并决心改正。自此之后，他果然不在课堂上摆弄火柴棍了，而是在课余时间动手制作各种小制作，不仅在学习上取得了很大进步，而且还多次获得了省市级的小发明奖。

陶行知先生说："真教育是心心相印的活动，唯独从心里发出来才能打动心灵深处。"因此，使用"反弹琵琶"式批评的老师的态度一定要真诚。学生们都需要丰富情感的体验，需要强烈的情感共鸣，老师只有时刻注意自己的情绪，时刻注意到学生的情绪反应，批评时才能多些对学生真诚的爱，少些挖苦和嘲讽。

# 发现学生优点

古人云："数子十过，不如赞子一功。"可见表扬鼓励对一个人的成长是多么重要。

在教学中，表扬其实就是在进行赏识教育，进行愉快教学。老师的粗暴批评、讽刺挖苦会挫伤学生的信心和志气，而发自内心的肯定则可以让学生树立自尊和自信。表扬对于学生的意义，是每一个老师都耳熟能详，奉为经典的。甚至有人将表扬的意义等同于"皮格马利翁效应"。表扬运用得好，很可能让学生终身难忘，甚至影响他的一生。

孔子是我国古代最伟大的教育家，善于表扬学生。他因多表扬，勤于创设愉悦的教学情境，从而成为"乐学"即愉快教学的积极倡导者。有人统计，在《论语》中，有关孔子表扬学生的记载共有17处，批评学生的只有6处。他即使批评学生，也言辞友善，从不伤害学生的自尊心。

但是，并不是每一个老师都能将表扬的作用发挥得恰到好处。

年近百岁的周意盛曾是哈佛大学哲学院研究生，谈起当年的恩师蔡元培，他不禁泪流满面。

周意盛24岁那年，当他宣布自己要考哈佛大学哲学专业时，他的亲友们都大跌眼镜，尤其是他的几个同窗都十分惊讶："这小子天生就不爱背书啊，他不是立志学机械电子了吗？怎么到头来阴差阳错又去学哲学了？哲学，这与他当初最不喜欢的政治有什么区别？"

只有周意盛心里明白，这一切要归功于蔡元培先生。

北大二年级的时候，新换的政治老师蔡元培先生是个笑面好人。本来单调乏味的政治课却被他调剂得一如他的面容，本来枯燥难记的政治内容被他描绘得如同是你自己周围的生活。周意盛开始喜欢上政治课了。

蔡元培讲课时总是喜欢把一些同学比作课本上政治事件中的人物，或名人，或间谍之类，每每都会引起学生们的大笑。可周意盛却一直没成为他故事中的主人公，心中不禁对那些同学有些莫名的羡慕。

或许是因为运气好的缘故，也或许是因为聪明的缘故，当然，最重要的是周意盛在为了应付考试而临时抱佛脚的努力之下，在一次政治小测验中，周意盛竟然考了全班第一。总结课上，蔡元培眯着眼睛，用他那经典的笑容看着周意盛，当着全班同学的面，第一次表扬了他："这个周意盛真不简单，他是匹黑马呀！我们大家以后得对他刮目相看点，照这么下去，黑马先生周意盛将来的厉害程度绝不在我之下呀！"

全班同学哄堂大笑，当然，这种笑是善意的。

周意盛当时相当的激动，心怦怦地跳，脸也涨得通红。

从此，蔡元培开始关注周意盛了，周意盛也偶尔会成为先生故事里的主人公了。当然，周意盛自此获得了一个绰号："黑马"。

不知怎么，从那次受表扬以后，周意盛心里对学好政治产生了从未有过的自信。而且，每有同学戏称他"黑马"时，他心中就甜甜的，那个舒服啊！

结果，北大毕业时，周意盛的政治分数竟然是所有功课中最高的，而之前，周意盛的理想是做一个机械学家。

这之后，周意盛留洋，竟然选择了哈佛的哲学专业！这确实是有些出人意料，但究其因，却是"亲其师，信其道"的必然结果。在蔡元培眼里，他对周意盛的表扬只是一个小小的插曲，或许他早已忘了他曾经表扬过一个名叫周意盛的学生。但是，他的学生却记住了，还因此改变了人生旅程的前进方向。

在任何一个班级里面，都有所谓听话的学生和淘气的学生。

那些听话的学生，不用我们多说，只要你的一个眼神、一个动作，他就心领神会，能认真地按照你的要求去做，甚至老师还没有告诉他要做什么，他就已经明白了。而那些淘气的学生呢，课上课下都调皮捣蛋，不管你用什么方法来吸引他，他顶多专心两分钟而已。

著名的教育学家陶行知就曾经遇到过一个非常淘气的学生。

那天，在课堂上，别的学生都跟着陶先生兴致勃勃地学习，只有男生昊昊的铅笔盒大敞着，铅笔散了一桌子。书呢，则不情愿地躺在一边；他自己呢，却趴在桌子上"专心致志"地捅橡皮！

陶先生看到这种情形火冒三丈，冲着他大喊："你给我站起来，把这篇课文再读一遍！"

吴昊吓了一跳，愣了，极不情愿地站起来，然后就仰着头看着陶先生一语不发。教室里安静极了，空气像凝固了一样，其他的学生都看着陶先生。

陶先生走到他面前，低头瞪着他。他也心虚了，低下头不敢看陶先生。看着他可怜的样子，陶先生的心一软，怒气全消了，毕竟是小孩子呀。于是，他就蹲了下来抬头看吴昊，正好迎上吴昊心虚的目光。

"你是个聪明的孩子，大家都很喜欢你，如果你能认真听讲，把课文读得好，大家一定会更喜欢你的。"陶先生边说边拉起他的手，"来，把这篇课文读一遍，你能读好的。"

吴昊看看书又看看陶先生，而陶先生则用信任的目光鼓励他。

他终于把课文读了下来。

"他读得多好啊，看来他和我们大家一样棒啊！我们快给他鼓鼓掌。"在掌声中，大家笑了，吴昊也笑了。

陶先生说过："教育总是存在反复性的，仅这一次不可能令吴昊完全改变。但只要我们以宽容和爱心，对学生少一些粗暴的批评，多一些赞美，善于利用表扬的'魅力'，让学生树立起信心，萌发出力量，一定会使差异缩小、消失，使学生向完美方向发展。我相信只要我们有信心，有耐心，总有一天我们的努力会有收获的。"

美国著名心理学家威廉·詹姆斯也说过："人性最高层的需求就是渴望别人欣赏。"且不论案例中不知名的周意盛和陶先生的学生吴昊了，甚至很多伟人之所以学有专攻，建树颇丰，跟他们从小就得到教师的肯定，从而激发出莫大的学习热情分不开的。所以，当学生做得正确或有一定长进时，教师应及时给予表扬和鼓励，肯定学生的成功和成绩。

美国心理学家布格尔斯基说过："兴趣和注意来自成功，一事成功，事事顺利。"

学生的成功和成绩，是他们继续保持对学习的极大兴趣和注意力的一个重要心理基础，而教师的及时表扬和鼓励，是促使他们"事事顺利"的"加速器"、"添油机"和"助跑器"。

正如体育比赛中，当你战胜了一个对手后，以后再遇到他，你就会有心理优势，越过了那道坎儿，你就上了一个台阶，有了一个飞跃。

对绝大多数的学生来说，老师不失时机的鼓励、表扬就是学生战胜学习困难的动力，是一针买不来的强心剂！

多表扬，少批评，这是教育的基本原则。但是，我们也不能因此就滥用表扬。

具体而言，教师在适当的场合，对学生进行恰如其分的表扬，能使学生产生积极的情绪体验和愉悦的成就感，从而让他们在真诚的肯定中享受快乐，同时也获得足够的自信。

但是，目前在我们的课堂教学中，存在一些表扬误区，即所谓的无效表扬，比如，只是简单地表扬学生"做得好"、"主意不错"，而且无论事情大小，表扬词也没有差别。这样的表扬不仅不能对学生的发展产生促进作用，有时甚至会导致教师的威信和影响力的下降，教育的效果也就不言而喻了。

只要你用心去关注学生，留意他们的点滴进步，及时抓住他们身上转瞬即逝的"闪光点"，鼓励他们，表扬他们，他们就会用生命的精彩和真诚的爱，双重回报你对他们所付出的这些关爱。作为教师，还有什么能比这更叫人欣慰的呢？

因此，表扬不要老是停留在学生习以为常的优点上，而是要去挖掘学生身上一些鲜人知的优点，让学生得到一些新的肯定，表现出教师的独特眼光，效果反而更好。


表扬学生的要点：


**1. 做一个美的发现者。**

教师要在细微之处见真谛，善于在平凡中找出不平凡，挖掘学生不明显的优点加以赞扬。爱因斯坦就这样说过：别人赞美他思维能力强，有创新精神，他一点都不激动，他作为大科学家，这类话早就听腻了，但如果谁赞扬他小提琴拉得棒，他一定会兴高采烈。


**2. 表扬要实事求是。**

教师表扬学生时一定要做到公正、合理，符合实际。

夸大其词，不符合实际的表扬和评价，非但不能起到积极的群体心理效应，而且对受表扬者也不会产生好的影响，甚至还会影响教师自身的威望。

**3. 表扬运用的次数和范围要恰当。**

表扬不宜太多，频率不宜过高，这样才能造成学生的期待心理，促使其进行自我激励和自我监督。

如果表扬的范围过大，次数过多，会使学生失去新鲜感，产生心理惰性。这时的表扬就失去了应有的激励效力和教育力量。

**4. 注重对差生的表扬。**

教师的表扬能促使学生产生积极向上的情绪，增强自尊心、自信心，并促使其将这种积极情绪迁移到今后的学习中。但在实际中，差生往往因成绩差而与表扬无缘，这对差生的成长十分不利。

如果教师在教学中根据差生的不同特点，循序渐进地逐步提出要求，只要他们通过努力达到了要求，就及时给予表扬鼓励，使他们每前进一步都能产生成功的情绪体验并在精神上得到满足，从而使他们更加有信心去实现教师提出的更高要求。如此，我们必能使学生逐步具备由后进生变先进生的强大内驱力。

**5. 在竞争中适当运用表扬。**

有表扬便有竞争。竞争效果的好坏取决于教师的指导水平。

为了确保竞争在学生中始终产生积极的心理效果，教师应做到以下几点：

一是对竞争的性质有足够的认识，保证做到"兴利除弊"；

二是鼓励学生去参加竞争，提高自我参与的竞争意识；

三是提倡学生自己和自己进行纵向竞争，争取这次比上次做得好，下次比这次更进步。

**6. 赞扬行动和品性而非个人。**

赞扬学生，怎样才能做到既有效力，又不养成其骄傲自满的情绪呢？这就要赞扬他所做的事和他的品性而不要扩大到他这个人。

比如，学生经过努力，成绩提高了，就该赞扬他经过努力而成绩提高这件事。因为赞扬他努力，让他知道受赞扬的真正原因，他就会继续将其优点发扬光大。如果你赞扬他聪明，就可能导致他产生沾沾自喜、骄傲自满的情绪。

### 7. 微笑是一种不着痕迹的赞扬。

微笑能给学生带来亲切感。灿烂的笑容，可能赢得学生的爱戴，并且常常成为学生笔下描绘的素材，给学生心里留下持久的影响。

当你想激发学生的斗志时，当你想与学生进行情感交流时，不妨轻轻一展笑容，它将胜过千言万语。所以，作为教师，在教育学生时，千万不要吝啬你的微笑。

# 第四节　包容学生的失败

## 批评技巧

　　心理学家史京纳通过一个著名的实验发现：在学习方面，有良好行为得到奖励的动物比有不良行为就受到处罚的动物学得快得多，而且也更能记住所学的。人类也有着同样的情形。因此，在激励学生进步时能鼓励就尽量少埋怨，能赏识就尽量少批评。但世上没有治百病的药，只有赞赏、激励和表扬并不能解决教育上的所有问题，有时也少不了鞭策和批评。

　　然而，学生们毕竟心智还不够成熟，过激的言语和行为往往会伤及他们的身心，所以我们提出了批评时需要有"环保效应"这一概念。那么，如何在学生的错误面前避免自己的情绪失控，管理好自己的言行呢？

　　**1. 牢记批评的目的。**

　　批评是为了让学生认识到自己某些行为存在问题而引起警觉，限制和制止学生的不良行为，从而引导其朝着正确的方向前进，而不是让学生感到难堪，更不应该用讽刺、挖苦来伤害学生的自尊。如果让学生感觉到你的批评只是在挖苦他，并不是为他好，那么效果就会适得其反，使得他们逐渐摸索出一套对付批评的策略，做出表面答应、背后重犯的行为。这些口"服"心不服的学生一定会让你苦不堪言。只有牢记批评的目的，面对犯错的学生时，你才不会有任何不利于教育学生的偏激言语和举动。

　　**2. 把握好批评的原则。**

　　"就事论事"原则。即论事不论人，而不是翻学生的老底。在学生犯错误时，只是批评他的这一错误的行为而不是批评这个人。只有这样，才能避免伤害学生的自尊。

以理服人原则。批评时要做到晓之以理，动之以情。犯错是很正常的事情，人非圣贤，孰能无过？更何况是正处在青春期的学生呢？作为老师，应该牢记学生时期正是世界观、人生观、价值观形成的阶段，是培养优良品质和良好生活习惯的关键时期，只有正确引导，才能使他们真正成才。因此，对犯了错的学生，要耐心地跟他摆事实、讲道理，让他"知其然"，更要让他"知其所以然"，以此来提高他们懂道理、讲道理的自觉性。

一视同仁原则。不管是平时表现好的学生，还是调皮任性的学生，都应一视同仁，不能有一丝一毫的偏袒，这样批评起来才会更具有说服力。

### 3．批评的前期准备。

在发现学生犯错误时，不应当场就严厉批评，而是在制止后，立即去了解事情的真相，认真观察、仔细倾听、耐心询问，掌握确切的情况。只有这样，在批评时，才能做到有理有据，既不夸张、也不失察，使受批评的学生心服口服。

### 4．选择好批评的时间。

做好了批评的前期准备之后，老师应及时对学生进行批评教育，切不可拖拉，给学生以"这个老师喜欢翻旧账"的印象。

### 5．营造良好的"交流"氛围。

良好的氛围是达到批评目的的关键，不同的氛围对批评的效果会产生很大的差异。只有创造一种彼此容纳、沟通情感的良好氛围，批评才利于学生接受。如果在大庭广众之下批评一个学生，他首先照顾到的可能是自己的面子问题，对于你的言语不自觉地就会产生一种抵触情绪。

### 6．掌握好批评的方式。

写检讨书等批评方式会让学生产生留下"历史罪证"的错觉，容易形成"破罐子破摔"的消极心理。而个别交谈、及时纠错这种方式应该多采用，它最容易被学生接受，但交谈时一定要选择好时间、地点，最好能始终保证在交谈的过程中只有你们两个人，不会被其他人"打扰"。

### 7. 做好批评后的帮助和监督。

很多学生屡犯屡教，屡教屡改，关键问题就出在老师批评后的帮助和监督不到位，或不够持久。其实，学生受到批评之后，需要一个过程来消化吸收，尤其是那些已成习惯的不良行为，如果不强加督促就很容易使受批评的学生忘到脑后。

### 8. 迂回战术。

我们都知道，汉语的表达方式非常灵活，同一个意思可以有多种表达方式——可以直截了当，也可以迂回曲折。比如，某个学生犯了错误，你可以说"罚你打扫卫生"，也可以说"奖励你一次劳动光荣的机会"；某个学生上课睡觉，你可以说"你怎么在上课时间睡觉！给我站起来"，也可以说"为了提高你的学习效率，陪老师站一会好吗"；某个学生老写错别字，你可以说"看你，连这么简单的字都写错，笨死了！这个字给我写100遍"，也可以说"这个字确实容易写错，为了以后不再出错，再写几遍吧，我相信你能行的"……

不同的表达方式会产生不同的效果。作为老师，在控制好自己情绪的前提下，应尽量讲究语言艺术。

### 9. 先扬后抑战术。

卡耐基说："听到别人对我们的某些长处表示赞赏后，再听到批评，心里往往好受得多。"因此，有经验的老师都会采用"赞赏——批评——激励"的方式来批评教育学生，这种方式不但使学生容易接受，而且会增添学生前进的信心和勇气。比如，某个学生在做算术题的时候，由于马虎，经常会在运算最后一步的时候出错，批评他的时候就可以运用这种先扬后抑的战术：第一步，赞赏——"这几步运算得都很正确，字写得也很清楚"；第二步，提醒（实为批评）——"只是这最后一步大意了，出了点小小的差错"；第三步，激励——"你很聪明，这么难的题都会运算，以后把最后一步也认真检查一下，就不会出错了，我相信你"。经过这样的批评教育，这个学生不但立刻意识到了自己的错误，而且以后做题时一定会记起老师的这番话，改掉马虎的毛病。

## 10. 间接提醒战术。

很多老师在表扬学生的同时，习惯在后面加一个明显的转折——"但是"。比如，刚表扬了一个学生进步快，马上就来一个"但是"。结果，不仅劝告没有奏效，而且前面的表扬也被学生认为是虚情假意。如果老师能以间接提醒代替直接批评，委婉地表达出对学生的要求，效果就会大不一样。比如用这样的方式说出来——"你进步很快，如果你能进一步抓好课堂听讲和课后复习两个环节，相信你的学习成绩会提高得更快"。

## 11. 围魏救赵战术。

围魏救赵的批评方式是对学生的错误不作正面批评，而是通过表扬其他同学来使其明白自己究竟错在了哪里。

对待犯错误的学生要敢于批评，更要善于批评，但批评作为让学生认识错误、改正错误的一种手段，就要达到控制课堂秩序，激发学生积极学习这一目的。批评教育的最好效果莫过于"无害"，即达到环保效应！

# 第五节　考试成绩评定方法多样性

## 作业

曾经有媒体报道说，做作业成了一些学生的苦差事。但是，"上有政策，下有对策"，为了应付家长的责问，也为了向老师交差，一些学生想出了名目众多的招式，除了"抄"之外，还出现了出钱雇用别人代"做"作业的坏习惯，甚至连互联网都成了他们很好的"帮手"。

的确，很多学生都对老师布置的题海式作业头痛不已。背诵 N 个单词和 N 篇课文，完成 N 道代数题，摘抄 N 篇文章——为了这些作业，他们在灯下奋战到子夜 1 点才收工的"壮举"并不稀奇。面对这种局面，身为教师，我们不得不反思：难道没有作业才是正确的做法吗？答案当然是否定的。

现代教学论专家斯卡特金指出："未经过人的积极情感强化和加温的知识将使人变得冷漠。由于它不能拨动人的心弦，很快就会被遗忘。"

首先，一定数量的作业有利于学生对课堂学习内容的理解和记忆。一堂课只有短短的 45 分钟，时间毕竟是短暂的。学生对课堂学习的内容，只能是初步理解，其深度和广度都受到限制。这就需要适量的作业来弥补这个缺陷，促使学生通过完成作业，来加深对知识的理解以至融会贯通；并在运用知识和复习知识的过程中，使知识在头脑中留下较深的印象。

其次，作业有利于促成技能、技巧的形成。俗话说"拳不离手，曲不离口"，阅读、书写、计算、作文、绘图、操作等技能技巧，在一定程度上有赖于日复一日、年复一年的做作业的磨炼。这样一来，教师布置作业与学生追求轻松，似乎就成了一对矛盾。其实，并非如此。作为教师，只要我们掌握了布置作业的方法，完全可以化解这一矛盾。

一只木桶的盛水量，应由它最短的那块木板来决定。但是，不知道为什么，个别老师似乎不太懂这个道理。在水已溢出的时候，他们往往还在往里边注水。他们总想把学生变成知识的容器，于是，布置作业总是"多多益善"，恨不得让学生一口吃成个胖子。曾经盛行一时，时至今日仍被许多人捧为应试良方的"题海战术"就是最典型的例子。

长年累月，多少学生在茫茫题海中沉浮，虽然不乏渡海成功之辈，但更多的学生在题海中越走越难，越走越灰心，心中不堪重负地发出"题海何其大，分数何其低"的感叹，甚至高考也因为这场题海大战的预演被许多学生视为心中的"黑色隧道"。题海大战不仅打击了学生的信心，还拖垮了学生的身体，君不见如今的学生近视眼的发生率始终居高不下。当我们的学生终于迈过独木桥，走进朝思暮想的象牙塔时，他们面对的依然是沉重的课业负担，以至于可供自己自由支配的时间少之又少。

在推行素质教育的呼声一浪高过一浪的当代中国，作业不能再仅仅是一种无用的重复劳动，因为题海战术只会加重学生的负担，作用却相对较小。时代的发展迫切需要教师以一种创新的方式来布置作业，即寻求更好地巩固学生所学知识的方法。因此，我们现在要研究的重要问题就在于，如何合理有效地布置作业。如果学生能够兴趣盎然地完成作业，这对于教学的成功不仅会产生很大的作用，也会带给我们意想不到的收获——来自学生的积极反应！

从现在开始，请试着让自己布置的作业中蕴藏着学生完成的愿望与乐趣吧！

有效布置作业的建议：

## 1. 明确布置作业的目的。

教师布置的作业要体现课堂教学应达到的教学目标。学生通过练习能进一步巩固知识，使思维能力得到进一步发展。简单而言，就是作业练习什么教师要心中有数。对学习难度较大的内容，教师不能急于在短时间内让全体学生掌握，应合理分解难点，科学安排练习，逐步突破。不要认为学生做过那些有代表性、典型性、关键性的作业就可以了，我们必须有目的、有计划地安排一定程度的反复性作业，才能保证学生获得牢固的知识和熟练的技能。

### 2. 作业要有针对性。

通过让学生做作业，教师可以了解学生对知识的掌握情况，从而找出学生的薄弱环节，有针对性地调控后续的教学工作。因此，布置作业时，老师应选择与当堂所学知识点密切相连的题目作为作业，同时也要有所扩展和拓宽，让学生跳一跳摘到桃子，让学生在自觉、独立解决问题中体验到成功的愉悦。

### 3. 作业要有趣味性。

枯燥无味的作业往往会让学生感到乏味、无用，因而出现应付或不完成的现象。教师应尽量少布置机械性地抄抄写写的作业，重点布置一些既能使学生感兴趣，又能开发学生智力的作业，这样，学生才会乐意去做，而且往往会做得很好。

### 4. 选择好布置作业的时间。

也许我们曾有过这样的经历：无意中看表，"糟了，快下课了，怎么办？作业还没布置呢？"于是便嘶声力竭地叫喊着，让台下的学生"安静"，然后慌慌张张布置作业。这绝不是布置作业的好时机！

事实上，布置作业究竟应该在一堂课的开始、中间还是最后并不重要，重要的是教师应该留出足够的时间来布置作业，并确信作业是与所教内容吻合的。当课堂内容是完成作业最合适的背景知识时，这才是布置家庭作业最恰当的时候。

### 5. 作业清楚而具体。

如果一个人不知道做什么，那么他就不会去做任何事。作业的功能就是使每个学生任务明确。为了达到这一目的，教师布置作业必须清楚而具体，最好是以书面的形式发给学生。较少的作业可以写在黑板上，在黑板上专门留出一个固定位置，将每天的作业写在上面。较多的作业可以用复印的方法。书面形式的作业既可以减少学生对作业的遗忘，还可以减少学生对作生的误解——这里既有教师的责任，又有学生的责任。

**6. 作业要少而精。**

要达到让学生巩固知识的目的，靠简单地增加作业的量是不科学的。我们应当尽量留那些概括性强、覆盖面广的作业，减少重复性内容。

**7. 确信学生知道怎样去完成作业。**

作为教师，无论采用什么方法，都应该确信每个学生都准确地知道怎样来做作业。就某个问题来说，我们应该确信学生理解这个问题，确信这个问题是他们能处理的，确信他们知道怎样解决它。比如，如果作业是阅读参考书目，那么教师就应该对于看什么、怎样看提出建议。如有必要，演示给他们看是怎样做的。

**8. 作业要有层次性。**

这是贯彻因材施教原则的具体体现。学生的素质和水平不一，对所学内容的掌握也自然会存在差异。因此，在布置作业时，教师可以根据学生的不同层次，布置不同内容和难度的作业，让不同的学生都有所收获。否则就会出现有人吃不饱、有人吃不了的现象。

**9. 作业能给学生提供一个学习技能的机会。**

只有满足了学生需要的作业才是真正有用的作业；只有那些能激发学生动手动脑的实践性强的作业，才能锻炼学生的思维能力和探索实践的能力。也只有这样，学生才会努力寻找机会，通过做作业，让课本知识与社会生活实践完美地结合在一起，从而达到学以致用的目的。

总之，教师适度地布置作业是让学生朝着正确的学习目标前进的最好方法之一。

## 学生自己判卷

当人们对舞台上的精彩表演报以热烈的掌声时，有谁能真正体会到演员们此时的骄傲？是的，只有真正站在台上的人才能深切地体会到这掌声中的光荣与梦想，也只有真正在舞台上尝过甜头的人，才能为这份光荣与梦想持续不懈地努力和奋斗。其实，教学活动也未尝不是如此。

传统教育下，试卷讲评课往往采用一个固定的模式：老师根据已经判好的试卷，针对学生答卷的情况，分析学生的知识掌握情况，然后在课堂上有重点地对该套试卷进行讲评。这种模式下，学生完全处于被动状态，根据老师所讲的内容把错误的改正过来就行了，至于为什么要这样改，很多学生根本不去考虑，其学习效果也就可想而知了。那么，试卷讲评课有没有更好的方式能让学生处于主动学习状态，主动地去学习呢？也许把学生推上"舞台"，让学生来评判试卷是个不错的主意。

陆涵是当地颇有才智的教师。她总是能把一些看起来很不好做的工作，处理得轻松、干脆、漂亮。特别是在令其他老师都愁眉不展的评讲试卷方面，她更是有着独特的处理技巧。

一次，陆涵带着前两天考完的试卷走上讲台，学生们的眼睛霎时全投向那摞试卷，有的表情紧张，有的把头埋得很低，有的把脖子伸出去想看到第一份试卷的分数，有的脸上洋溢着自信……

看着学生们那副想知道分数的可爱劲，陆涵微笑着拿起一份试卷："这是你们前天考的卷子，我粗略地翻了一下，不算太理想！"

霎时，学生们的耳朵都竖起来了。

陆涵看一眼尖子生马可，他正在得意地看着老师。"马可，试卷未判。"

"啊？"马可眨巴眨巴眼睛以为自己听错了。

"周同，试卷未判；马可，试卷未判。"

"啊？"学生们眼里写满了疑惑。

老师微笑着："这次的试卷都没判，怎么，还紧张吗？"

学生们立时都长出一口气，却又不明白陆老师为何如此。

"同学们，知道这次试卷为什么没判吗？"

学生们再次睁大了眼睛。

"这次我要把判卷的权力交给你们，让你们自己也当一回判卷老师。以前有同学说我偏心，判卷不公平，这次试卷判得公平不公平，可就在你们了，你们判完后，我可是要审核的。"

学生们兴奋了，多年来一直是老师当裁判，这回也轮到自己当一回裁判了。

试卷随机分发到每个学生的手中，当然，学生手中持有的都是别的同学的试卷。

之后，陆老师在黑板上写出选择题第一题的正确答案，让学生根据答案判卷。

学生们都认真判着自己拿到的试卷，他们在庄严而神圣地行使一个判卷人的权利。

"你们手中的试卷上这道题做对了的，请举手。"

很多学生都举起了手。

"好，看来这道题的知识点同学们掌握得不错。对的给它加1分，错的扣1分。马可，你来解释一下，这道题为什么选A，而不选其他选项？"

"我想，应该采用排除法来看这道题。从题中的条件'实数'看，排除B和D，因为B和D不是实数；再根据'正整数'这个条件，排除C，因为C是负整数，所以正确答案应该选A。"

"马可同学讲得非常好，排除法是我们做选择题的一个重要方法。"

"还是马可聪明，我当时咋就没想到呢！"有几个同学抓耳挠腮。

陆老师继续道："下面这道题可就有难度了，它的正确答案是8，你们手中的试卷上这道题做对了的，请举手。"

举手者寥寥无几。

"马可，你做对了吧，给同学们讲讲你对这道题的认识吧。"

马可很快就报出了正确的解题方法。其他同学则伸长了舌头："真复杂，这么难！"

陆老师叹了一口气："对的加1分，错的扣1分。"

马上有个胆大的学生举手说道："老师，我认为这道题太难了，不应当只值1分。"

话音刚落，其他学生也纷纷起哄："对呀对呀，前面那道题那么简单，还1分哩。""至少算10分才是。""算4分吧。"

陆老师敲敲桌子："5分如何？不过，后面4道相对较简单的题，分数就必须各减掉1分。你们同意吗？"

学生们露出了笑脸："同意。"

"好，我们再往下判题！"

学生们兴趣大增，虽然明知自己考得并不理想，却个个精神抖擞。

……

一份试卷，由老师来评判，学生只能根据试卷上用红笔勾画的线条来了解自己做的是对还是错，而试卷的讲评也就变成了老师的个人表演。把试卷的评判权交给学生，无疑是一个大胆的尝试，把一个人的表演变成了多人表演，让这个三尺舞台一下子精彩了许多。有时候，看起来很难办到的事情，其实并非真的高不可攀，而是你没有找到正确的解决问题的方法。

很多教师都曾经抱怨："试卷讲评课，是教学中最难设计、最难讲的课，单纯的理论说教，课堂气氛沉闷，学生学习积极性不高，再加上试卷上的红杠杠给学生带来的精神上的压力，都使教学难以达到良好的效果。郁闷啊！"

是的，在传统教育下，学生的好坏往往是根据试卷上老师打上的红色标记和分数来衡量，从心理角度讲，这些红色标记也给学生带来了一定的心理压力。但当我们赋予学生一定的权力时，发现学生的学习主动性明显地增强了。因为当他们接过这个权力时，他们的思维就已经极大地被激活了。当红色标记变成了蓝色标记，他们立即感觉到了一种平等的师生间的话语权。

当你没有找到正确的解决方法时，即使眼前出现的是一条小溪，你都不可能越过去，因为不知道该如何去行动。所以，这条小溪，在你眼里便成了汪洋大海。当你总是觉得某某课特别难教好时，是因为你的思维还完全固守在原地，你的眼睛总是向前看，殊不知，转过身，拐个弯，你前面的道路就能化艰险为坦途，变得畅通无阻了。有时候，本由你一个人担当的一些艰涩的教学工作，如果你能找些人来帮你一起做，你会发现，事情已经变得轻松了很多，而对方也能从你的收获当中分享一份丰收的喜悦。

当讲评试卷的主角变成了学生自己时，当教师考查变成了学生自查，当严肃变成了轻松，当冷冰冰的表情被笑容取代，当效果比往昔更显著时，我们有理由相信：形式的转变会给我们带来更多的精彩！试着给学生搭建一个评卷的舞台吧，让他们充分地参与我们教学。因为只有真正地让学生参与进来，他们才能深刻地体会个中的趣味。

今天的素质教育强调把课堂交给学生，让学生参与每一个教学环节，这无疑是个不错的选择。把评卷的权力交给了学生，也等于把课堂、把信任、把心同时交给了学生！过去的独唱表演，就变成了今天的众星合唱。无论从任何角度来评判和分析，这都是一个进步。

让学生评判试卷的注意事项：

## 1．使用恰当的方式，激发学生兴趣。

让学生评判试卷，如果教师只是单纯地把正确答案交给学生，使学生只能在试卷上判对或判错，他们自然也不会太感兴趣。既然你要让学生做回主人翁，那么，就让他做到底——把判分权也交给他们吧，你对他们的信任，将会变成他们的责任心。

## 2．教师要把握大局。

让学生评判试卷时，教师适时地把握方向是非常重要的。如果学生一味地在一个问题上、一个分值的分配上争论不休，教师应给予适时引导，让他们尽快回到学习或探讨试卷中的试题上来。

## 3．引导学生举一反三。

让学生评判试卷，学生就成为了课堂的主体。教师要引导学生运用发散思维，多角度、全方位地考虑问题。让他们根据已知条件推导出结果，探索解决问题的新思路、新方法，提高知识的运用能力和运用所学知识解决新问题的能力。

# 第六节　适当实行反面教育

## 反面警示

当前，大多数教师对学生的教育常有一定的片面性。他们相信"近朱者赤，近墨者黑"。实际上，希望通过这种做法达到预期目标的可能性较小。首先，并不是因为教师为学生指明了榜样，学生就只接触、模仿、学习这些榜样。那些教师所不期望的榜样，往往有时也对学生产生巨大的诱惑力，使他们自觉不自觉地受其影响，甚至去模仿和学习。其次，教师虽能在局部范围内为学生提供相对单纯的环境，但学生最终还是要走向社会，他们接触社会生活反面的机会也随之增多。因此，只注重正面教育，忽视反面教育，显然难以使孩子适应开放、复杂、多维、快速的社会环境。

反面教育，指的是利用反面素材而进行的教育。长期以来，我们在教育中坚持以正面教育，并且取得了一定的成效。但是，反面素材也大量的存在着，而且与学生有着密切的联系。充分利用反面素材，将它们作为教育教学的资源，将会有效地拓展教育的空间，变废为宝，化害为利。开展反面教育，在促进学生的认知、培养学生的情感、健全学生的人格等各方面都会有重要的作用。

首先，反面教育能使孩子认识到社会生活的复杂、曲折与艰难。因为反面教育告诉孩子：事情并非总是一帆风顺、一蹴而就的，人们的合理要求也不是总能实现的。这样一来，孩子的心理承受能力就会在不知不觉中得到提高。对于那些静不下心来学习，或者总希望学习能立竿见影的学生而言，反面教育可以帮助他们清醒地认识到学习是一个漫长而又艰巨的过程，要想学好、学会，必须付出必要的时间和毅力，必须要经历一定的痛苦和忍耐。

其次，反面教育能激起孩子强大的内心能量。因为生活的反面往往最好心得不到理解，美好的事物、有价值的东西受到挫折。而这些常常能使孩子产生一种催人泪下、激人奋进的力量，产生一种同情心和责任感。将这种责任感用到学习上，则会激发强大的学习动力和强大的内在鞭策力。

第三，反面教育能使孩子产生克服反面现象出现的心理需要。反面现象常常让孩子看到不该发生的事情发生了，从而使孩子在感到同情、惋惜、愤怒的同时产生一种自觉克服反面现象的心理需要。总之，这对于孩子自控力的形成起着至关重要的作用。

第四，反面教育能加快孩子的社会进程。如果让孩子始终生活在过分单纯、受到保护的气氛之中，那么这种孩子将来肯定是脆弱的，经受不了社会的风吹浪打。教师有意识地让孩子受一些挫折、失败，能提高孩子的辨别能力和心理承受能力。有意识地让孩子吃一些苦头，体会一下逆境的滋味，能锻炼孩子的意志力，从而加快孩子的社会化进程。教育不仅仅是书本知识的传授，更是对学生多方面能力的培养。孩子社会化进程稳步前进，这对于他们心智的成熟、视野的开拓等都有着积极的影响，而这种影响自然也会有助于他们正确地看待学习、明智地对待学习，从而在学习之途中步步为营、循序渐进。

当然，反面教育也须慎重进行：首先，教师要能把握反面现象。遇到反面现象时，要能分析危害，找出原因，使孩子明白为什么如此。只有这样，孩子将来遇到类似情况时，才知道如何处理。防微杜渐、未雨绸缪，只有在错误刚显露出冒头的时候就果断采取措施，才能够有效将错误扼杀在摇篮中。否则，当一个又一个小错误积累到一起，最后爆发为一个大的问题时，不管是学生，还是教师，也只能束手无策了。

其次，切忌滥用反面教育，使用时必须考虑孩子的承受能力。如果使用过多，冲击过大，就会使孩子的心灵受到不必要的创伤，从而使其性格、气质等方面的消极因素增加。过犹不及，有的老师自诩其使用的是反面教育，实际却反面得有些泛滥了。他们对学生持续不断地将反面教育的方式方法施加到学生身上，起初的确能产生良好的效果，但时间长了，学生的承受能力不能再承担反面教育接二连三的"招数"了，他们就会反抗、叛逆，或者破罐子破摔。我们试图用反面教育引起孩子足够的重视，给孩子一种鞭策力的同时，还应该注意到孩子的自身承受极限，尊重孩子的正常错误，容许孩子必要的发泄。唯有如此，我们的反面教育才能起到锦上添花的良效。

# 第四章　课堂篇：

## 课堂创新　教学相长

从当今社会的发展和人才需求的角度来看，社会对人才评价标准发生了变化，不但要求知识渊博，而且要求具备创新意识、创新精神和创新能力；再从未来社会学的角度来看，创新教育既是人才培养的基础，又是人才使用的需要，更是时代发展的必然。创新能力是创造精神的主体，是素质教育中学生必须具备的素质。因此，在课堂教学中培养学生的创新能力是极为必要的。这就要求教师在课堂教学中渗透研究性学习，允许学生打破常规，培养学生创造性的发散思维能力、想象力，鼓励学生主动参与，提高学生的操作能力等。

营造创新型课堂，能够帮助学生培养创新意识、发展创新思维、形成创新能力、迸发创新见识。如果学生能在创新意识的指导下，长期坚持创新思维，不断进行创新探索，那就会在潜移默化中形成一种创新能力。而一旦有了这种能力，就能加速自身素质的发展，使学生触类旁通、终生受用，并带动其他学科创新能力的发展。久而久之，就会出现一种良性循环，促进学生综合创新能力的提高。

"教学相长"出自《礼记·学记》："是故学然后知不足，教然后知困。知不足然后能自反也，知困然后能自强也。故曰教学相长也。"从字面意思理解，教学相长就是教师的教与学生的学相互影响、相互促进、共同提高。我们的每个教师由于生活经历、社会阅历、受教育的程度以及知识结构等各方面的差异，使得我们的教学方法与教学水平也各有千秋，尤其是在时下新课改的浪潮中，有的教师能很好地适应新一轮课改的变化而成为教育的弄潮儿，更新教育教学观念，大胆尝试教学新方法；而有的教师却接受新鲜事物相对较慢一些，虽然新课改已实施了好几年，但仍然没有做出多大的动作，有的甚至是穿着新课改的鞋子走应试教育的老路，对新课改没有太多去思考、去实践、去创新。

学生爱上学习并取得好的成绩，是师生共同努力的结果。在学生不断进步、不断成长的道路上，让广大教师用我们的智慧给他们以启发，用我们的耐心给他们以安慰，用我们的参与给他们以鼓励吧！

# 第一节　让学习内容丰富多彩

## 引材料

在学生的印象中，老师总是高高在上，一支粉笔一张嘴，一堂课从头唱到尾。面对那些单调至极的理论，很多学生听得是"晕头转向"，昏昏欲睡。其实，课本上的知识虽然是相对静止的，而生活中的事例却是相对运动的。如何让学生们从课本知识的"静"中感受到现实生活的那种"动"呢？也许，结合课堂教学内容，"妙引材料"是个不错的法子。

课堂内容好比是一座光秃秃的大山，而课堂外的大千世界却是那么的精彩缤纷、繁花似锦。我们为什么不去外面采撷一些漂亮的花木来装点这座大山呢？多少年来，我们的文史类课程的教学始终处于一个封闭的系统中，讲课的老师、听课的学生、讲课的方法都具有一个共同的特征：封闭。在这个封闭的系统里，课堂教学的任务仅仅交给老师，交给黑板和粉笔，交给 45 分钟课堂。恐怕没有几个学生能忍受这种"全封闭"的教学环境，即使是那些以"学文为生"的人，都会有一种"误上贼船"的感觉，可又徒叹奈何。

今天，时代的发展已经让整个世界成为一个整体，信息的交流比以往任何时候都要快捷、迅速，没有哪一个国家还会在完全封闭的状态下一如往常地向前发展。面对这个开放的时代，文史类课程要获得学生的认可就必须变封闭为开放。这种开放体现在老师身上，就是要将我们的唱"独角戏"变成师生演"双簧"。学生不仅仅是坐着听，还要在课堂上活起来，在活动中思考。要想使学生在课堂上活起来，妙引材料是一种有效的手段。

但是，某中学曾对政治课教学做过一次调查，发现不少老师在讲课过程中引用材料比较随意，或信口开河，或断章取义，或不加选择。要知道，我们引用材料不能瞎编滥造，更不能只引不发，而是要在教学过程中因教学内容、教学情景的需要选择恰当的社会现象或热点问题来辅助教学，以激发学生以积极饱满的精神状态参与到教学活动中来。如果把我们的课堂比作山，而课堂外的大千世界中的材料都比作花木的话，那么，请注意，并不是所有的花木都适合栽培在这座山上。因为山上的泥巴石头都是有性格的。如果你非栽不可，那么，最后的结果很可能会是花木水土不服，以致前功尽弃。

妙引材料进行教学的几个原则：

1．事实性原则。

用事实说话，是引用材料教学的基本原则，是增强教学感染力的有力保证。材料篇幅可以短小，但事实必须做到精确。

"小"中要能见"大"，才能说明这个"小"是一个特别的、有条件的"小"。条件就是事实要百分之百的准确，要硬邦邦的不含一点水分。有一说一，有二说二，不夸大，不歪曲，不以偏概全，不搞合理想象。事实过硬了，学生才会心服口服地接受。

2．时效性原则。

所谓时效性原则就是选择最新的热点材料说明问题，给学生以新鲜感。最新的热点问题是学生乃至全社会都共同关注的问题，这些材料的运用既是课堂教学的"目的"，又能激发学生的学习兴趣。

3．思想性原则。

所谓思想性原则就是我们选择的材料能感染学生，能激发学生产生一种强烈的共鸣，进而引导学生正确认识事物的本质。

4．科学性原则。

所谓科学性原则就是所引用的材料是经过专家反复论证的、是用一系列数据、事实说明事物的本质和规律的。

5. 启发性原则。

所谓启发性原则就是要根据学生和所教学内容的实际，选择能够引导学生进行思考、探究，能够充分调动学生学习的积极性和主动性，透过生生合作、师生合作共同得出结论的材料。

6. 典型性原则。

所谓典型性原则就是要选择最能够反映事物的本质、最能够为学生理解的、极其代表性的、有影响力的材料。

# 竞赛

看看现在的电视节目，从当年风靡一时至今依然有不小魅力的正大综艺，到眼下拥有极高收视率的《幸运52》，它们靠什么吸引了观众的眼球呢？在很大程度上是靠那种全场互动、你争我抢的氛围，以及穿插其间的知识趣闻。那么，我们为何不试试这种全新的方法呢？为何不在课堂上来个小比赛，或者说知识竞赛，来提高学生参与学习的兴趣和积极性呢？

毋庸置疑，每个人都有一种表现欲，青春年少的学生们自然更不例外。在课堂上，不应该只有"听话"的学生，更应该有许多敢于表现的学生，前提就是教师要为他们提供这样一种竞赛环境。

常老师在讲"春秋战国的纷争"时，借鉴电视节目《幸运52》的做法，将涉及春秋战国时期的有关历史典故设计成了问答闯关的形式。

常老师在上这节课前一个星期就将活动方案告诉了学生们。比如，让他们做好参与闯关的准备，阅读教材以及相关的书籍、资料，尽可能多地了解春秋战国时期的有关历史典故；学生自己合作设计一些成语表演竞猜之类的互动型题目，如两人或三人一组，用形体动作和语言表现某一条成语，让对方选手猜出成语内容并解释出处。常老师也设计了一些相关的抢答题和必答题，题目注重了知识性、趣味性、教育性的有机结合。活动步骤为：

①教师担任主持人，将学生分为4组，每组推选3名选手。

②通过问答、抢答形式先后选择胜出的两组选手上台闯关；对每组选

手设计 3 道必答题，答对一题记 5 分，提问完后淘汰分数较低的一组选手（若分数相同可再出一道抢答题分出胜负）；再从剩余的两组中以抢答的形式选择新的一组选手上台参与闯关，如此循环进行。

③当台上选手回答问题错误时，可请台下学生抢答，回答正确者给该组记 3 分。

④闯关题目由教师和学生分别设计。分数最高的一组为获胜者。

上课了，常老师说："各位同学，在西周末年，昏庸的周幽王为博得王妃褒姒一笑，竟不惜演出'烽火戏诸侯'的闹剧。结果，少数民族犬戎族进攻西周时，诸侯无人来援，幽王被杀，西周结束。从此，周天子的权威一落千丈，出现了春秋战国时期群雄并起、诸侯纷争的局面。春秋战国历时 500 余年，其间战争此起彼伏，风云人物层出不穷，局势跌宕变幻。战场上的兵戎相见，军营中的运筹帷幄，外交场合的谋略交锋，给我们留下了大量耳熟能详的历史典故。今天，我们就来个春秋战国的历史典故大闯关，大家来比一比谁对春秋战国的典故知道得多，了解得广。"

宣布完闯关规则，竞赛开始了，常老师说："请听第一道抢答题：春秋时期，周天子的地位一落千丈，诸侯王不再听命于周王，一些强大的诸侯趁机发动兼并战争，强迫其他各国承认其霸主地位。请问春秋争霸时打着'尊王攘夷'旗号，成为第一位霸主的是谁？"

"齐桓公！"有学生答。

常老师请回答得最快且正确的小组选手上台，作为闯关者之一。

"下面请其余三组选手听第二道抢答题：齐桓公在成就霸业时，曾得到一个人的辅佐。此人在齐桓公继位前曾侍从齐桓公的政敌，为与齐桓公争夺王位，曾射过他一箭。但齐桓公上台后，看重此人的才干，不计这一箭之仇，反而拜其为相，实施改革，终于国富兵强，此人是谁？"

"管仲！"

常老师请回答正确、速度最快的小组选手上台，作为闯关者之二。

"好，现在参加第一轮闯关的两组选手已经产生。接下来，每组选手需要回答 3 道必答题，答对一题记 5 分，答错记 0 分。必答题回答完后，分数较低的一组选手将被暂时淘汰，我们将从台下的两组中以抢答的形式再选择一名胜出者上台参加闯关。台上选手未能正确回答的必答题，将交给台下的同学抢答，抢答正确的同学，体将会为你所在的组赢得 3 分。"

常老师向台上两组选手分别提出 3 道必答题。

A 组：第一题：晋文公是春秋时期的另一位霸主，奠定其霸主地位的决定性战役是哪一次？

"城濮之战！"

第二题：成语"退避三舍"就源于城濮之战，你能说说"退避三舍"的由来吗？

第三题：晋国发展到战国初年，以国君为首的旧贵族日益衰落，最后晋国被新兴地主阶级集团一分为三，请问：晋国被分成了哪三个国家？

"韩、赵、魏。"

B组：第一题：楚庄王是春秋时期的又一位霸主，相传成语"一鸣惊人"就与他有关，你能说说"一鸣惊人"的由来吗？

第二题：据说楚庄王在推行霸业的过程中，曾率军在周王室所在的洛邑郊外耀武扬威，并遣使问九鼎的大小轻重。你知道楚庄王此举的用意是什么吗？

第三题：春秋末年，南方的吴、越也加入了争霸战争。吴王夫差大败越国，越王勾践受尽屈辱，立志雪耻，经过十年生聚，十年教训，终于灭掉吴国。把越王勾践发愤图强、立志报仇的事情演变成一个成语。

"卧薪尝胆。"

在两组选手回答必答题的过程中，凡答错的题目都交给台下学生抢答，并按规则计分。两组必答题回答完毕后，按分数多少淘汰分数较低的一组选手下台。若两组分数相同，可再加一道抢答题决出胜负。

"好，第一轮闯关已经结束，请台下的两组选手听题，胜利者将上台与擂主一较高低。请听抢答题，这道题叫做'是真是假'。下面的三个选项中，有真有假，请你判断哪些是真，哪些是假？"

A. 大家都听说过姜太公（姜子牙）钓鱼的故事。齐国是姜太公的封地，所以，齐桓公姓姜。

B. 战国时，齐国的新兴地主集团——田氏夺取了齐国王位，史称"田氏代齐"。

C. 齐国的都城邯郸是当时中国的大城市，成语"车水马龙"、"摩肩接踵"、"挥汗如雨"就是当时邯郸繁华的写照。

其中：A、B为真；C为假，应为临淄。

常老师请选择正确的小组选手上台。

"好，第二轮闯关的选手已经产生，请台上的两组选手听题。"常老师向台上两组选手分别提出3道必答题。

A组：第一题：这是一道连线题，请选手将相关的历史人物和历史典故之间连线：

管仲　　　　　纸上谈兵

孙膑　　　　　老马识途

廉颇　　　　　围魏救赵

赵括　　　　　负荆请罪

第二题：请 B 组选手表演成语，然后要求 A 组选手猜成语内容并解释其出处。如：B 组一名学生背负一根树枝，对另一名学生做道歉状。（负荆请罪）

第三题：公元前 227 年，燕国太子丹派荆轲前往泰国刺杀秦王嬴政，演出悲壮的一幕。荆轲告别太子丹时，高歌："风萧萧兮易水寒，壮士一去兮不复还。"到了泰国，荆轲以重金收买秦王宠臣，得见秦王。荆轲假称要向秦王嬴政献上督亢地区的地图，当嬴政打开地图时，荆轲抓起卷在地图中的匕首，向秦王刺去。秦王大惊，猛地挣脱。荆轲被泰的武士所杀。这一故事成为哪一条成语的典故？

"图穷匕见。"

B 组：第一题：连线题，请选手将相关的历史人物和历史典故之间连线：

赵武灵王　　　　胡服骑射

信陵君　　　　　完璧归赵

蔺相如　　　　　窃符救赵

孙武　　　　　　三令五申

第二题：请 A 组选手表演成语，然后要求 B 组选手猜成语内容并解释其出处。如：A 组两名学生面对面站立，一名学生向后倒退三步，每退一步就喊一声"30 里"。（退避三舍）

第三题：战国时代秦楚相争频繁，各诸侯国视利害所重，时而助秦，时而事楚。因而形成了一个形容在列强争夺势力范围的条件下，各集团和人们的态度动摇多变，反复无常的成语。这个成语是？

"朝秦暮楚。"

……

按照前面第一轮闯关的步骤，淘汰得分较低的小组选手下台，以抢答题形式选拔新的小组选手上台参与新一轮闯关。如此循环，闯关轮回了几次。最后常老师宣布得分最高的小组为获胜者，并给予适当的奖励。

最后，常老师问道："通过今天的活动，大家来说一说，你对其中的学生们似乎还未从《幸运52》中回过神来，一个个抢答似的说了起来，而且各有见解。常老师欣慰地笑了，也沉浸在了回味中。

原本要在沉闷中进行的历史讲解，在常老师手下却变成了一次别开生面的知识竞赛，让学生亲临了一次《幸运52》的现场。常老师的点子不可谓不高！

僵化的学习方式，没有谁能全心全意地投入，即使投入，也是出于某种目的而强迫自己的意志而已。

有趣的游戏，没有谁能够拒绝。轻松好玩的竞赛，谁也不想错过。但如果是这三者的结合呢？

这，当然是个不错的主意！

争强好胜是人类的天性，而比赛则能把人的这种天性表现得淋漓尽致。比赛的花样多、新鲜、刺激性、知识性的特点，能极大地满足学生们的挑战欲望。比赛不但能迫使参与者把自身的才能发挥到极致，而且还能增强胜利者内在的信心和力量，也能刺激失败者发现不足，激发其努力上进之心，可谓一举多得。

对于正处在青少年时期、好胜心突出、时时处处喜欢表现自己的学生们来说，比赛恰好给了他们一个表现自己的机会。因此，比赛就理所当然地成为了他们学习动力的催化剂。有关教育理论认为：知识不是被动接受的，而是认知主体积极建构的；学习是学生个体主动的行为，是以先前建构的知识为基础的；学习的过程不是教师向学生传递知识的过程，而是学生自己建构知识的过程。因此，课堂学习不是学生从外向内不断被动填入新知识，而是他们主动利用已有的知识作为新知识的增长点，不断对课堂知识进行加工和转化的过程。

只有学生积极主动的课堂学习，才是有效的课堂学习。而要让学生积极主动地学习，就必须让他们对课堂感兴趣。在比赛中学习、在学习中比赛，寓教于乐，这些都能极大地激发他们的学习热情。

在这样的课堂上，学生们不再是被动接受知识的"容器"，而是积极主动的知识的探求者，在"我要学"、"我爱学"的氛围中自主学习、合作学习，愉快地接受知识，在潜移默化中领悟到学习的种种乐趣。

而为了在比赛中能展现出自己最好的一面，能比别人多抢答几个问题，学生就会在课堂上认真听讲，绝不漏掉任何一个知识点。否则，"一着不慎，满盘皆输"，先机被别人抢走，自己处于下风，这可不是学生们的作风。

这样一来，我们期望的课堂效果就达到了：学生参与，老师指导；在学中赛，在赛中学。知识也在不知不觉间得到融会贯通。这比起单纯的"满堂灌"岂不省事省力许多？

是的，有竞争才有动力，有动力才会有学习热情。

想激发学生的热情吗？想让课堂火起来吗？让我们也试着给学生主持一个课堂上的《幸运52》吧！

在课堂上组织知识竞赛的建议：

### 1. 目的明确，难易相宜。

竞赛活动内容必须是围绕教学目标，围绕学生的实际情况来设计，最终为教学目的服务。即使目标明确，教师也不能让学生放任自流，要做好预先的指导提示，适当控制场面，以达到预期目标。

比赛内容要难易搭配，适可而止。既让学生觉得有挑战性，又让学生觉得经过一定努力可以解决，这样难易结合，让他们跳一跳摘到桃子，才有利于提高学生的学习兴趣。

### 2. 比赛要体现公平性。

比赛的公平性体现在两方面：一是比赛内容的公平性。即同一比赛中，各小组或个人比赛的内容难易程度相同，项目搭配均匀。二是比赛结果评价的公平性。即教师要针对学生的回答来判断对错，不是针对学生本人进行辨别。

比赛只有体现公平性，才能进行，才能让学生信服，才能收到真正的效果。

### 3. 比赛关键是提高学习兴趣，引导学生不必过分计较成败。

在比赛中，落后的学生有可能产生挫败感，教师应该引导这些学生从中看到积极的一面，不要过分关注内心的失落情感，鼓励他们要重视的是已经在比赛中学到什么，还应学什么，该怎样学。

教师如何帮助孩子爱上学习

# 育人

一位从纳粹集中营中逃脱的幸存者，战后做了一所中学的校长。每当一位新老师来到学校，他都会交给那位老师一封信，信中这样写道："亲爱的老师，我是一名纳粹集中营中的幸存者，我亲眼看到了人类不应当见到的情境：毒气室由学有专长的工程师建造，儿童被学识渊博的医生毒死，幼儿被训练有素的护士杀害，妇女和婴儿被受过高中或大学教育的士兵枪杀。看到这一切，我疑惑了：教育究竟是为了什么？我的请求是：请你帮助学生成长为具有人性的人。你们的努力绝不应当被用于创造学识渊博的怪物，多才多艺的变态狂，受过高等教育的屠夫。只有在使我们孩子具有人性的情况下，读写算的能力才有其价值……"

教书育人是教师的天职，但是，过去以学科为本位的教学把教书和育人割裂开来，教师以教书为天职，以完成学科知识传授、能力培养为己任，忽视学生在教学活动中的道德生活和人格养成。其实，教师的根本任务是培养人、塑造人。要培养塑造出完全的人，只有智力上的努力是不够的，还必须得在品质教育上下功夫。

教师对学生进行品质方面的教育，可以考虑从两个方面进行，即正面教育（或称肯定性教育）和反面教育（或称否定性教育）。教师要结合课堂教学内容，加强学生身上的优秀品质，扼制或消除有害的品质。

课堂上的品质教育有两个途径：一是通过与本课程内容有关的历史或现实中的成功的人和事，或失败的错误的人和事来进行；二是通过学生本人或周围的人的优秀表现，或错误表现来进行。对前者，要及时肯定、鼓励；对后者，则要及时否定，严格把关。

教师最好能了解或搜集一些本学科或专业中与所授课程内容有关的能体现知识、能力方法、理想、责任、合作、勇气、毅力、诚实、不怕孤立、坚持真理等品质的经典人物与事件，借适当的机会介绍给学生，这样一定会产生很好的效果。当然，这样的典型事件，教师知得越多越好。

《向命运挑战》是九年义务教育小学第十一册第七单元的一篇文章，课文讲的是20岁身患绝症的霍金，敢于向命运挑战，经过顽强努力，终于成为伟大的天文物理学家的事。下面是一位老师在上这节课时的课堂实录：

师："同学们，学了此课回想一下作为残疾人的霍金之所以能够坚强地活下来，还取得了伟大成就，得益于什么？由此你想到了什么？"

生1："得益于他不怕失败、不怕困难、敢向命运挑战。由此我想到了一句名言'困难像弹簧，你弱它就强'。如果每个人面对困难时都能像霍金一样勇敢、坚强，困难也会在你面前束手无策。"

生2："我想到了在书中看到的一个故事：一天，有两个同名同姓同性别同年龄的人去医院做检查，其中一个人患了癌症，一个人什么病也没有十分健康。可是因护士的疏忽将两个人的病历卡放反了，结果本来身体健康的人知道自己患了癌症后心情越来越不好，最后在忧伤、郁闷中死去。而那个原本患病的人知道自己没病后整天开开心心、无忧无虑，最后体内的癌细胞竟奇迹般消失而顽强地生活下来。"

师："是啊，为什么阴差阳错拿错病历会出现这样的结果呢？我想，重要的是心态，一个人有良好的心态，勇敢面对困难，困难也会被勇气吓倒。反之，没有良好的心态，面对困难时担心害怕，最终会被困难吓倒。生活就是这样有时爱跟人开玩笑，希望在今后的生活中面对困难时同学们不气馁，勇于战胜它。那你们还知道哪些身残志坚的真实事例？"

生3："我们以前学过一篇文章《秋天的怀念》，文章作者就是一个双腿残疾的人，开始时也是在失望忧伤中度日，最终在母亲的一再鼓励下，坚强地生活，最终成为著名的作家。"

生4："我读过《钢铁是怎样炼成的》这本书，书中的主人公保尔也是一个身残志坚的人，虽然他的腿不能动，但仍坚强地活着，并坚持写作，最终发表了许多作品。"

师："是啊，正是保尔坚贞不屈的精神感染了每一位读者，激励着每一个人勇敢面对困难，以至于《钢铁是怎样炼成的》这本书风靡世界，受到世人关注和喜爱。其实，作者奥斯特洛夫斯基就是主人公保尔的原型。请同学们继续说。"

生5："著名作曲家贝多芬在双耳失聪的情况创作了许多名曲，亲自指挥许多演奏会，给人们留下了深刻印象。"

生6："著名兵书《孙子兵法》的作者孙武也是一位残疾人。"

师："听同学们说了这么多，老师也想举一个例子：在2004年第12届残疾人奥运会上，中国无臂运动员何军权先后夺得50米仰泳、50米蝶泳、200米混合泳冠军并连破3项世界纪录。想一想没有手臂怎么游泳？但就是这样一个人不但会游泳而且还取得这么辉煌的成就，多令人敬佩啊！同学们，那作为一个正常人的我们是不是更应该勇于面对困难、战胜困难呢？"

大量的成功人士的实践告诉我们，使他（她）们成功的原因中有时起决定性作用的倒是他（她）们身上的非智力因素。而且，他们的智力之所以发展得那么好，也和他们具有的许多优秀的非智力的品质有极大关系。俄国教育家加里宁曾说："要知道，教育者影响受教育者的不仅是所教的某些知识，而且还有他的行动、生活方式以及对日常现实的态度。"苏霍姆林斯基在《给教师的建议》中也强调指出："你不仅是自己学科的教员，而且是学生的教育者、生活的指导者和道德的引路人。"因此，教师在传授知识的同时，更应该加强育人工作，加强对学生非智力品质的培养，注重对学生的价值导向，把教会学生做人作为自己的头等使命。

21世纪社会所需要的人才，不是知识的工具，而是有健全人格的健康人。爱因斯坦说过："用专业知识教育人是不够的，通过专业教育，他可能成为有用的机器，但是不能成为一个和谐发展的人。要使学生对价值有所理解并产生热烈的情感，那是最基本的。"要培养这样的人才，仅靠传统的专业（知识和技能）教学是难以实现的，必须通过加强人文教育，才能达到这一目标。

可是，我国人文素质现状却令人担忧，中小学教育中普遍存在片面追求升学率，重教书、轻育人，使学生片面追求科技知识、知识技能，而忽视世界观、人生观的培养。在社会生活中，有政治腐败、权钱交易；在经济生活中，有假冒伪劣、坑蒙拐骗，还有大量的社会犯罪。这些社会弊端，在很大程度上不是因为缺乏科学知识、基本技能，而是因为人生价值观扭曲，思想品格、道德水平低下所致。因此，培养学生高尚的道德品质、积极的人生态度、强烈的创造精神、坚韧不拔的意志、明确的社会责任感，人际交往中的宽容与合作精神、富有人类的同情心和人道主义精神等人文素养，显得尤其重要。

那么，我们怎么来培养学生的人文精神呢？

### 1. 充分利用教材，挖掘真善美的素材。

例如在历史课中，南宋末年的爱国将领文天祥被俘，他以"人生自古谁无死，留取丹心照汗青"的名句来表示自己誓死不屈的意志，在元大都被囚期间多次拒绝元世祖的劝降，最后英勇就义，这种高尚的气节是学生应该学习的。另外，如著名天文学家伽利略，即使是宗教裁判所用火刑来威胁他，他被迫放弃他的学说的时候，仍喃喃自语："地球是自转的。"而布鲁诺，为了坚持自己的宇宙无限论，竟被宗教裁判活活烧死在罗马的鲜花广场，为科学真理而英勇献身。这些都是非常好的素材。

在语文课上，通过挖掘中华优秀传统文化，让学生汲取精华，形成正确的世界观、人生观和价值观。儒家学说中"老吾老，以及人之老；幼吾幼，以及人之幼"的"仁爱"思想，"生于忧患，死于安乐"的忧患意识和"舍生取义"的献身精神；陶渊明"我不能为五斗米折腰向乡里小儿"超然物外的洒脱；杜甫"安得广厦千万间，大庇天下寒士俱欢颜"的利他主义；陆游"位卑未敢忘忧国"的爱国情怀；范仲淹《岳阳楼记》中"先天下之忧而忧，后天下之乐而乐"的政治抱负和"不以物喜，不以己悲"的旷达胸襟；文天祥《<指南录>后序》中抒发的"九死一生、矢志报国"的赤胆忠诚；《谭嗣同》中谭嗣同的勇于改革、视死如归的献身精神；鲁迅《<呐喊>自序》中弃医从文、追求真理的爱国精神；毛泽东《沁园春·长沙》中"问苍茫大地，谁主沉浮"体现出来的以天下为己任的博大胸怀和凌云壮志；朱自清《背影》中表现的父子深情。这些丰富的精神养料，教师可以通过讲授课文内容直接对学生进行教育，可以通过课文作者和背景资料的介绍进行点拨，也可以通过语言品味、形象剖析来启发学生思考，还可以结合作文教学来进行引导。让学生在获得语文知识的过程中，潜移默化地汲取精神营养，逐渐提高做人的修养，养成美好的品质和高尚的人格。

另外，教师还可以从课文中延伸挖掘，培养学生热爱自然，保护环境以及团结协作等诸多优秀品质，这些都需要在教学实践中有意识地去寻找、发掘。

2. 运用多媒体技术，提升学生的人文意识。

现代教育技术尤其是网络的普及为我们的教育带来了极大的便利，我们可以利用它来为我们的人文教学服务。

例如，有位老师在《种油菜》一课时，在学生上课前利用 CAI 课件制作了一个油菜生长的全过程，并标明到达一定阶段时，油菜所产生的明显变化，如：发芽、长出第一片叶子、开花、结果等。同时还从网络上下载了一段动画，描绘的是种子如何在黑暗的地下探寻，不懈追求阳光雨露，不屈不挠，最终顽强地破土而出的情景。学生看了后震撼非常大，很多学生边看边称奇，甚至不由自主地发出感慨："好大的力量呀！"在这个过程中，学生感受到了生命的顽强和巨大力量，从而对生命充满了敬畏和珍惜。

再如，一位老师在教学科学五年级《我从哪里来》时，播放了一段分娩的录像片。孩子们被看到的画面深深地震撼了，他们在汇报时这样说："我知道自己的生日就是妈妈的受难日，妈妈生下我们太不容易了，今后我要听妈妈的话，不让妈妈生气。我要爱护好自己，因为妈妈生我是非常辛苦的。"这些都是孩子们真实情感的流露，他们不仅了解了自己出生时的情况，更重要的是真切地感受到了母亲的伟大，体会到了生命的珍贵。

利用多媒体，加强教学的直观性，是一个可以收到良好效果的途径。

缺乏良好人文精神的社会，不是一个健全的社会，缺乏人文精神的"人才"，也不是合格的人才。作为一名教师，我们在教给学生知识和能力的同时，一定要注意培养他们的人文精神。

# 第二节　营造宽松和谐的课堂气氛

## 多媒体

　　如果说"教鞭、粉笔、小黑板"是传统教学的"旧三件宝"，那么，"多媒体课件、实物投影仪、电子讲稿"则是今天教学的"新三件宝"。随着时代的发展和科学技术的进步，越来越多的现代化教学手段被应用到教学过程中，为教学活动冲破时间和空间的限制，形象具体、生动活泼地表现教学内容，实现教学的最优化提供了条件。计算机多媒体教学也已走进学校、走进课堂，由开始的在优质课、示范课上"增加亮点"向日常课堂教学迈进。

　　心理学研究表明：记忆，是过去经验在人脑中的反映，同时用视觉和听觉两种器官接收信息，比单独使用其中一种器官接收到的信息记忆效果要好。教师使用多媒体技术不仅能培养学生的观察能力和学习兴趣，激发学生的探究兴趣和求知欲望，还能提高学生对知识的记忆程度。多媒体课件形象生动、感染力强，促进了教学优化，提高了教学质量，对教育教学具有深远而重大的现实意义。

　　多媒体具有无与伦比的优势。它可以让学生在教室里饱览茫茫大草原的壮阔景象，可以让学生徜徉在同鱼儿嬉戏、游玩的海底世界，还可以让学生从视觉上感受战场上烽火连天的紧张气氛等。多媒体，这个无所不能的工具。在它面前，所有的教学重点、难点都显得微不足道。只要我们动一动脑子，点一点鼠标，敲一敲键盘，精心制作一份多媒体课件，就可以让难点轻松展现，让教学如鱼得水，让课堂熠熠生辉！

　　使用多媒体的注意要点：

### 1. 主体发展性原则。

教学的主要任务是促进学生的发展。教师运用多媒体教学不能只是把教学内容制作成教学课件，简单地在课堂播放，以媒体取代教师的主导作用或学生的主体作用，取代学生的思维过程，取代对学生各种能力的培养过程，取代师生间的交往与情感交流。

在任何时候，教师都应发挥其主导和组织的作用，都应及时处理好教学中出现的各种情况，切不可被多媒体课件牵着走，不能为了让学生看自己精心设计的课件，而不顾课堂上学生的实际。

### 2. 目的整体性原则。

只有当教师真正把计算机技术同学生的学习过程紧密联系在一起时，它才会发挥巨大的教育功能。教师指导学生看图形或动画的目的，不在于画面本身，而是让学生借助它们理解知识点，读透教材。

呈现在学生面前的画面，任何时候都应该是直接或间接反映主题的，是激发学生兴趣引导他们突破教学重、难点的，不能把多媒体教学搞成幻灯会或影片会。

### 3. 认知工具性原则。

要将学生放在认知的主体地位上。教师在教学过程中要以学生的认知发展为出发点，给学生足够的学习自主权，让学生积极主动地思考，而不能把多媒体当成"灌输"的工具，大量地给学生"传授"知识。

### 4. 情境建构性原则。

教师运用多媒体技术为学生提供图文声并茂的多重感官刺激，并按照文本的方式组织和管理各种教学信息和学科知识，对学生关于当前所学知识的意义建构具有十分重要的作用。

### 5. 可交互性原则。

多媒体课件应具有良好的可交互性。有些教师制作课件时，将整个课堂的教学内容、教学程序以及板书等统统编织进去。上课时，教师只管按鼠标，一路"next"下去，虽然省劲儿，但与学生交互性太少，仍然是"灌输式"，教学效果并不好。特别是让学生自学型的习题式课件，更应具有良好的交互性和反馈功能。

6. 辅助性原则。

多媒体在课堂教学中的辅助功能不可低估，它可以使抽象的教学内容更直观，从而使其更具有说服力。它可以让课堂生动起来，更好地调动学生的参与兴趣，激发师生间的互动，使教与学达到有效沟通。

但多媒体也只能是教学的辅助工具，只能服务于教学。教师利用多媒体的目的是让自己教得更好，让学生学得更加积极。所以，切不可让多媒体成为课堂教学的主角，因为它绝不能代替教师的作用。

# 板书

如果说教学是一门艺术，那么，那些呈现给学生看到的、听到的、触摸到的、可联想到的事物，就都要有一种美妙诱人的艺术魅力所在，才会启发、引导学生去积极主动地学习，从而获得最佳的教学效果。不少年长的地理老师只用一支粉笔，就能画出精致的中国地图；而资深的数学老师随手画出一个标准的圆也并非难事。

板书是课堂教学的重要组成部分，是老师的微型教案。而一幅好的板书，不仅有助于学生对教材的理解和对知识的巩固，而且对启发学生思维、发展学生智力、指导学生学习都起到画龙点睛的作用。有关研究资料表明，在人所获得的全部信息中，其中视觉一项就占了83%，听觉占了11%，其他（触觉、嗅觉等）只占6%。所以，板书正好弥补了学生听课上的遗漏，可以吸引学生注意力、激发学习兴趣，加深他们对教材的理解。

想象一下，有哪一个学生可以仅仅依靠"听"来上完一堂课呢？因此，在教学过程中，学生虽然要"听课"，但教师不能单纯地使学生听，更重要的还是充分发挥他们的视觉作用，让他们通过视觉去感知板书，通过板书去感知新信息、新材料。调动学生多种感官了解一节课的知识内容和逻辑系统，能使他们获得清晰的概念，并在大脑中留下深刻的印象。

今天，整个时代都进入了一个信息时代，多媒体的发展让我们的生活发生了天翻地覆的变化。电脑、幻灯片、多媒体课件等高科技产品正以前所未有的速度渗透到我们的生活中，进入到我们的课堂里。

随着电脑和多媒体技术进入课堂，老师们越来越重视多媒体课件的使用，而对板书却日益疏远起来。不少研究教育的人士为此感到担忧：教学手段搭上"现代化快车"后，老师的一手漂亮板书，到底还需不需要？或许你会说，时代不同了，电子课件毕竟给我们带来许多便捷，也杜绝了让我们吸粉笔灰的现象了。言外之意，板书已经落后了，应该退出课堂了，可以完全由电子课件替代了！但板书这一传统教学方式在这个信息社会真的是可有可无了吗？当然不是。正如一位业界人士所说："只要黑板一天不退出课堂，板书就有用武之地。"

请听听学生们的心声："我们更喜欢老师的手写板书，因为它显得人性化。电脑演示的课件总给人冷冰冰、疏远的感觉，有时还会影响学习兴趣。比起鼠标点击，看老师一边讲解一边写板书，更容易理解。"板书有着电子课件无法比拟的优势：人性化。

无独有偶。据报道，某教育集团给旗下的老师集中补课，内容竟然是学习如何写板书。原因是青年教师的板书差，有如"蟹爬"，令学生无所适从。据负责讲课的主任评价，不少老师的板书不是从左到右写满一黑板，就是杂乱无章地写在黑板各处，有的老师甚至根本就没有写板书的习惯，一节课下来仅随手在黑板上留下几个字。此外，还有不少老师的板书要么字迹潦草，要么不讲格式，把小写的"1、2、3"序号放在大写"一、二、三"序号前面也是常有的事情。尤其是一些数学老师和英语老师，在写数字和字母时，字特别小特别淡，学生根本就看不清。

板书是重要的，因为它是认识的"梯子"。学生的学习，要遵循由易到难、由浅入深的过程，即符合循序渐进的规律性。成功的板书，能体现出鲜明的层次性与梯度性，就像在学生面前放下了一架"梯子"，顺着这架"梯子"，学生将比较轻松地一步一步跨向更高的知识平台。

板书是重要的，因为它是想象的"翅膀"。学生的想象力是无穷无尽的，教学的最大技巧就在于激发学生的想象力和创造欲望。好的板书无异于为学生插上了"翅膀"，凭着它，学生会进入思接千载、视通万里的思维状态。在此过程中，学生将充分体验到求知的快乐，从而激发起更强的学习欲望。

板书是重要的，因为它是记忆的"链子"。任何知识在传授的过程中，都要求体系性。教师在教学过程中，借助于板书，把课本中相对纷杂的知识进行整合，使之条理清晰，使前后知识环环相扣，这有利于学生对知识的记忆和巩固，从而减轻学生的学习负担。

板书是重要的，因为它是创造的"起子"。育人的最高目标，是培养学生的创造能力。板书设计作为教师的创造性劳动，对学生具有启发性。西方教育界有一句名言："学生是待燃的火，教师则是点火者。"从这个意义上说，板书的艺术从一定程度上便是点火的艺术。凭着成功的板书，教师不停地向学生传递着期待。板书恰似一把"起子"，能开启学生创造探索的智慧之门。

精妙的板书设计，能将优美的文字书写、精美的图表、图解和口头讲述糅为一体、相辅相成、相得益彰；它会使课堂增色生辉，使学生精力高度集中，使课堂教学效率大大提高；它能再现教学内容的精髓，能创造一种美感盎然的教学情景，给学生以美的享受、情的陶冶和学识的增长。

好的板书具有音乐的节奏感和美术的色彩感，比如简笔画的运用，寥寥几笔勾勒出段落大意，将有效地激发起学生学习的兴趣。

好板书的要点：

**1. 板书要流利、优美。**

一手流利、工整、优美的粉笔字是板书艺术的基础。否则，板书不仅起不到示范的作用，还会直接影响到学生的学习兴趣。

**2. 板书内容要少而精。**

板书与讲解一样，贵在"少而精"。古人说："少则得，多则惑。"板书要做到"少书"、"精书"，板书要书在点子上，书在关键处，才能起到"画龙点睛"、"提纲挈领"的作用。

**3. 板书要有计划性。**

板书之前，我们要对板书内容有一个大致的安排，通盘考虑。最好在书写时把黑板分成三部分，重要内容写在黑板中央。书写时要注意先上后下、先左后右，先标题、后内容、再小结。千万不要横七竖八，杂乱无章。

另外，书写时还要注意把字书写正确，注意笔画顺序、间架结构，不要写不规范的简化字，杜绝"自造字"的出现，更不能多一笔少一笔，不能在写字时"倒插笔"。总而言之，书写要规范。

4. 板书要注意简洁，扼要，便于归纳、总结。

好的板书是课堂教学内容的深化和浓缩，而不是讲解内容的简单重复。我们应把讲解内容进行分解、综合、归纳、演绎，使板书内容更加提纲化、系统化，形成知识网络。

5. 板书应有明确的目的，要主次分明，重点突出。

一般来说，板书的内容要紧紧围绕教学目的，教学上的重点就是板书的重点。经验告诉我们：只有那些有条理，有系统、重点突出的材料才有利于学生的记忆。所以，板书内容必须条理清晰、层次分明、重点突出。

6. 板书可设计小样。

我们在深入钻研教材，认真备课的基础上，要结合本班学生情况，在上课前设计一个切实可行的"板书提纲"——小样，贴在教案的后面。这样我们上课时，由于对板书内容心中有数，就能使讲解与板书相互配合得更加井井有条。

设计好的板书很重要，但要注意一点，板书只是你课堂教学的辅助工具，切不可一切为了板书而教，那样就失去了板书的实际意义。

# 音乐

听过贝多芬的《致爱丽丝》吗？听过柴可夫斯基的《圆舞曲》吗？这些音乐会给你什么样的感觉呢？如痴如醉，还是忘了自我？每当我们结束了紧张、繁忙的教学工作后，听上一曲自己喜欢的音乐，那种轻松、愉悦的感受会令人忘记所有的疲倦！原本沉重的心灵似乎也在乐声中得到了松懈和舒缓。

音乐的魅力主要在于她的"主情性"，比起其他艺术来，音乐无疑更贴近人的心灵，因此也最能直接表现和激发情感。特别是那些"无法用语言文字表现"的情感、意象，通过音乐往往可以达到与他人心灵交融的境界。匈牙利著名音乐家李斯特说过："音乐可以称作人类的万能语言，人类用这种语言能够向任何心灵说话，能够被一切人理解，因为这种语言是人类感情真实的流露。"

在课堂上，假如我们能根据教学需要，适当播放一段音乐，将会对课堂氛围的营造起到推波助澜的效果。齐老师上课非常有特色。请看她讲课文《荷塘月色》中的教学片段：

在讲解《荷塘月色》的内容之前，齐老师便道："我们已经知道，这篇以写景为主的抒情散文写于 1927 年 7 月的北京清华园。同学们再回忆一下历史课上学过的知识，1927 年 7 月，当时的中国发生了什么事？"

沉默了一会儿后，一学生举手："1927 年 7 月，正是第一次国内革命战争——北伐战争宣告失败的时候，当时的共产党在军事上处于十分不利的阶段。"

齐老师："对，也就是说，《荷塘月色》写作前后，正是朱自清思想极端苦闷之时。他对大革命失败后的黑暗现实和白色恐怖的不满，使之陷入了苦闷彷徨之中。本文体现了作者希望在一个幽静的环境中寻求精神上的解脱而在现实中又无法解脱的矛盾心情。作者通过对淡淡的月光和朦胧的荷塘的描写，抒写了淡淡的喜悦和淡淡的哀愁，从而委婉、曲折地表达了作者不满现实、幻想超脱现实而又无法超脱的苦闷。下面我们先来听一段阿炳的《二泉映月》。"

一曲低沉的乐曲慢慢地在教室里弥漫，那如诉如泣的幽怨，让学生们情不自禁生出一种忧郁的伤感。

突然，乐曲断了。

齐老师道："我们再来听一段法国印象主义大师德彪西的《月光》。"

录音机里传来一节节美丽轻快的旋律，让人有一种置身于晴朗而幽静的深夜中的感觉。

几分钟后，轻快的旋律消失了。

齐老师："现在大家回想一下刚才听两段音乐时的感觉，哪位同学来描述一下？"

又有学生站了起来："先是感到很悲伤、郁闷，有一种压抑感，然后感觉好像是换了一个环境，心情也变得好多了。"

齐老师赞赏地道："描述得不错，现在我们来看看朱自清先生在《荷塘月色》中是如何用语言来表达这种复杂的心情的。"

在齐老师的引导下，学生们带着两种截然不同的心情，开始了《荷塘月色》的学习。

有点像广播电台的语言类栏目的味道呵。

类似《荷塘月色》这种"只可意会，不可言传"的意境散文，如果教师不采用特殊方法，确实难以取得良好的教学效果。

音乐是一种奇妙的语言，正如英国哲学家卡来所说："音乐是天使的演讲。"陶渊明也说："此中有真意，欲辩已妄言。"而教师根据课堂教学需要，插放相关名曲正好可以弥补语言文字信息媒体的这种缺憾。音乐不仅可以陶冶情操，而且可以激发情感。

一位资深专家说："在所有的艺术中，音乐是最容易调动和激发人的情感的。音乐的愉快刺激，使这些由情感伴随的学习认识过程不断反复，就促进智力飞速提高。"优秀的诗歌或散文作品，往往有优美的意境、独特的神韵、深邃的哲理，这些常是教学中的重点、难点。而巧妙地运用名曲就可以举重若轻地解决这一难题。除此之外，在课堂教学中，音乐也可以作为其他课程的一种轻松的点缀来活跃课堂气氛，调节学生情绪。

为了扭转学生们对数学课的厌恶情绪，教师引进了音乐教学法，在枯燥的数学教学中有机地渗透音乐，如用记忆公式、用音乐游戏巩固新知、用名曲消除疲劳，使学生感觉到学习数学的新奇和趣味，很好地激发了学生的学习兴趣，从而提高了教学效率。

教师有时也可以在课堂教学中适当添加音乐，或配乐朗诵，或让学生唱一些与课文有关的歌曲。这些音乐不仅调节了课堂气氛，给人轻松愉快的感觉，还调动了学生的情感，让他们从优美的乐曲中体会课文的内涵。

例如，夏老师老师在指导学生朗读《十里长街送总理》一文时，考虑到这篇课文所处的时代与学生已经很久远了，如何让学生在朗读时与作者的情感产生共鸣，真正地领悟这篇课文的主旨呢？他便想到在课堂上播放一段哀乐，看看会不会有效果。

结果，学生们深深地受到了哀乐声的感染，仿佛他们就置身于当时的那种环境里。他们用低沉、缓慢、严肃的语调读完了这篇课文，而不是以前那种生硬、不带感情的语调。

在学习唐诗《春江花月夜》时，夏老师又在课堂上播放中国古典民乐《春江花月夜》，让学生们在丝竹管弦的乐声中领会诗的意境和作者的情思。同时，这也让学生们在短时间记住了这首名诗，而不需要他们在课后反复背诵。

总之，音乐是美好的，因为它能提供良好的情绪氛围。

人的学习与心境有关。学生虽然对新知充满了渴求，但在学习中难免有紧张和惧怕。而紧张和惧怕是最有害的负情绪，因为它能诱发极大的紧张度和激动性，降低了学生的自信，引起学生的退缩躲避行为。而优美的音乐作用于听者大脑，可以改善大脑皮质状态，使紧张兴奋的脑组织活动得到缓解，使得听者变得冷静、平和、理智，为学生创造一个轻松、愉快的学习氛围。

音乐是美好的，因为它能激发学生的学习兴趣。

兴趣通常维持着大脑的最优化状态。兴趣一旦产生，它就能成功地进一步激起学生对问题的认知和加工，并对其进行评价和解决。而一旦兴趣缺乏，则整个人就处于无情绪状态，自然就不能很好地进行学习活动。

音乐是美好的，因为它能渲染课堂气氛。

音乐能发展人的思维，给人以最大限度的联想，让人尽情想象、思索，潜移默化地发展思维能力。音乐是一个无所不能的天使，如果你运用得当，它就是你最得力、最听话的助手！音乐又是一个魔鬼，如果你胆敢生搬硬套，不因人、因内容而异，它就会摇身变脸，成为你教学中的敌人！因为它能将好的变得更好，将坏的变得更坏，将欢乐变得更加欢乐，将悲伤变得更加悲伤，这就是音乐教学的特色。

音乐辅助教学注意事项：

1. 在讲课前播放一段轻音乐，舒缓学生的紧张感。

课间 10 分钟后，学生的神经都会由下课时的松弛变为上课的紧张，导致他们很难进入学习状态。这不仅束缚了学生思维的自由与活跃，还因此影响听课效率。为此，我们在上课前播放一段韵律优美的轻音乐，可以很好地调节课堂中的气氛，改变教室里紧张的学习环境。学生通过听音乐放松了神情，活跃了思维，从而提高学习效率。

2. 在讲课中插入音乐，突破重、难点。

这个方法比较适合于文科类的教学，比如，在讲课文的关键段落的时候，引入音乐，对重、难点的突破就很有帮助。

3. 在课堂上播放一段轻音乐，调节学生的疲劳感。

许多教师发现，往往在课上了一半时，会有不少学生出现烦闷不安、听不进课的状态。这时，如果我们能适当播放一段轻音乐，就能够帮助学生消除疲劳，并活跃课堂气氛，提高学生的认知水平，让他们振作精神继续听课。

## 故事

说起故事，我们再熟悉不过了。每个人的童年就是由许许多多的故事连接起来的，甚至可以说，你脑海中的故事史就是你的成长史。

心理学研究材料表明：普通中学的初中生爱听故事的占95%以上，高中生占85%以上，而在大学生当中这个比例也高于60%。可是，为什么会有那么多老师，当他们一站到讲台上，就牢记自己的"职责"，尽心尽力讲解问题，指导作业，却把故事这个教学助手忘到脑后了呢？也许你会说，讲故事那是给小孩子们上课才用的，大孩子们的课堂时间原本不够用，我再节外生枝讲故事，这堂课还能上得好吗？其实不然，听故事是没有年龄之分的，学生无论大小，都不会拒绝有趣的故事。有经验的老师，很善于在讲课过程中穿插故事，通过一个个小故事，来激发学生的好奇心和求知欲。而学生一旦有了好奇心，就会产生追根究底的念头，就会积极地、执着地去探索。这样一来，教学效果往往会出奇的好。

一位研究教育的人士说过："不爱学习的学生哪儿都有，不爱听故事的学生一个也找不到。"

无论是学生从小就接触的语文、数学，还是上中学开始了解的物理、化学，及至他们进入大学所选修的各种专业课，所有的课本知识中都或多或少蕴涵着一个个小故事。而这些故事的演绎，很大程度上要看讲台上的你能不能将它有机地穿插进课堂当中，给学生们以智慧和启迪。

要知道，学生在课堂上是在一定的情绪和情感状态下开始学习的，而影响学生对课堂学习的情绪和情感反应的因素也是多方面的。如果老师能给他们一种积极的、充满兴趣的情绪感染，那么，他们因此产生的学习动力也将是无限的。这样一来，本来可能要花费你更多时间才能引入的问题，就在故事中不知不觉穿插进去，让学生产生一种主动寻找答案的欲望。这时，课堂就不再只是你一人的"天下"，而是师生互动的空间了。

想想着，一个小故事既能活跃气氛，又能调动学生的注意力，相比之下，如果你只是加重语气说："注意了，下边我们讲某某定理，请大家注意听讲！"十有八九的学生往往已经分神好久了，你能指望他们在3秒钟内迅速回神，全神贯注听你讲课吗？

在课堂中即兴穿插的故事，比起单纯的理论知识更容易抓住学生的心理，它能从一开始就吸引住学生的求知欲，燃起学生智慧的火花，使课堂气氛很快进入活跃期。课堂上的故事，可以把枯燥的问题趣味化，抽象的问题具体化，复杂的问题简明化，深刻的问题通俗化，从而使学生在情趣盎然中掌握知识、增强能力、提高觉悟。

因此，在课堂上，如果我们能根据教材内容补充相关的故事、传说，更易激发学生学习的兴趣。但是，有一点请注意：我们只是说穿插故事，并不是要在课堂上纯粹讲故事。否则的话，一堂课下来，学生们只是听了一个故事，却没搞明白你想讲什么知识，可就得不偿失了。

在课堂上穿插故事的要点：

### 1. 在不同的时机穿插故事将会取得不同的效果。

教无定法。我们是在课堂伊始，课堂中，还是课堂结尾引入故事呢？

如果在一堂课开始能恰到好处地用故事引题，导入新课，就会一扫课堂的沉闷气氛，唤起学生的求知欲望，拨动其思维之弦，为新课的讲解定下基调；

如果你在讲课中间穿插某个故事，则会激发学生的好奇心，让某些已经分神的学生回到课堂上来；

如果在一堂课快要结束时导入一个故事，则会给学生造成一个悬念，给他们一种"欲知后事如何，且听下回分解"的印象，取得"课虽尽而趣无穷思未尽"的效果，并借此激起学生对知识的强烈渴求，使此课的"尾"成为彼课的"头"。

总之，结合课堂教学进度，适时插入故事，往往会有事半功倍的效果。

### 2. 用故事把课本理论化抽象为具体。

有些课程，如哲学等文科类课程，它反映的是万事万物的共同性质和共同规律，是具有高度概括性的理性知识。而学生的认识却总是从对具体、生动的个别事物的认识开始的。这时，如果我们在课堂上运用故事进行教学，往往能够为学生提供必要的感性材料，从而使知识化抽象为具体，变呆板为生动，变深刻为浅显。

### 3. 故事是为课堂教学服务的。

有的时候，一个小故事可能带出故事中某个人物的更多故事，而正在兴头上的学生可能会追根究底，这个时候老师要善于引导学生，把他们的注意力转移到课堂内容上来。切不可一时兴起，就"故事"而论事，结果一堂课成了"名副其实"的故事课，那样就违背了故事教学的初衷。

### 4. 积累故事素材。

课本虽然是有形的，但课本中的知识是无形的，课本知识涉及的故事更是无穷无尽的。为了在课堂教学中有一个"信手拈来"的故事，你必须在台下多做准备，比如平时有意识地把从课外书、报纸上阅读到的小故事制成文摘卡片、剪报等；也可以通过调查、走访等途径获取和挖掘身边的信息来编成生活小故事，这样你才有足够的素材去应对课堂教学。

# 第三节　建立创新型课堂

## 学生自己动手

一个厨师，能为人称道的往往不是他会做多少种菜，而是他究竟有几个招牌菜，只有这些才是他的看家法宝；

一名演员，只有最经典的那些影视剧才能给人留下深刻的印象，让人难以忘怀，从来都没有所谓的通才型演员；

一个运动员，必须专注于一项运动，坚持不懈，才能在相应的领域中取得令世人瞩目的成绩。

同样，一个优秀的教师，并不是要求学生将一堂课的内容记个滴水不漏，而是应该引导学生记住最应该掌握的部分，即所谓的重点。因为课堂重点正是教材内容的浓缩与精华，是众多知识点中的核心。

掌握了重点，就掌握了最关键的部分，就能够带动全面，使其他问题迎刃而解；明确了重点，就把握了课堂的精髓，就能够由此及彼，达到触类旁通的境界。不过，你是否认为只有经过你熟读教材、精心备课得到的重点才是学生们应该掌握的要点呢？如果让学生自己来找重点，结果会如何？是"英雄所见略同"，还是大相径庭？也许，就像一顶王冠，在你眼里最耀眼、最吸引人的部分是那用纯金铸成的冠顶，但在学生眼里很可能只是镶在王冠上的那几颗美丽夺目的钻石。王冠与钻石，孰是孰非？实际上，这并不重要，重要的是这个发现的过程。

心理学家皮亚杰说过："一切真理都要由学生自己获得，或者由他重新发现，至少由他重建，而不是简单地传递给他。"对学生来说，课堂知识的重点往往也是他们学习的难点、疑点。在传统教学的课堂上，老师往往习惯了由自己总结重点、分析难点，让学生亦步亦趋跟着自己的思路走。仿佛把这些重点、难点解决了，我们的学生就"打遍天下无敌手"

了。但是，老师把这一切大包大揽，就等于是在学生还没有发现问题的时候就将问题的答案抛了出来。那么，这些重点、难点对学生而言还有何可难？疑问又从何而来？其实，正是这些所谓的难点、疑点，才是启发学生思维，教学生"会学习"的最佳切入点。而传统的教学方式完全抹杀了学生在学习中因难点或疑点所带来的思考和成长。

采取一定的方法引导学生自主思维吧，因为只有在探究中才能加深他们对知识的深化理解，才能培养他们的思维能力和分析问题、解决问题的能力。曾经，我们许多老师的所作所为恰恰抹杀了学生的自主探究过程！这等于直接降低了学生在未来社会的生存能力。让我们把寻找重点、难点的问题交给学生吧，请相信他们都是聪明的！一方面，你可以逐渐地引导他们找到"会学习"的切入点，而另一方面，学生们在没有任何束缚之下去研究课本知识时，你会惊奇地发现，你的学生个个都是天才，个个都能找到不同的知识点，个个都懂得创新，因为他们的思维没有受到你过多的禁锢！自己在行进过程中对困难的体会，远胜过别人所谓的"路难行"。

现在，请试着放开你的手，让学生自己去找找重点，自己去闯一闯这条布满鲜花和荆棘的知识之路，看看会有什么样的新收获！

引导学生自己寻找重点的方法：

**1. 让学生通过阅读课本来找出重点。**

指导学生针对课本中的章节内容阅读，这样使他们既能复习已学过的知识，又能在阅读新知识的时侯，从中发现重点、难点，从而带着问题有目的、有重点地听课。

让学生在阅读过程中对课本知识进行分析、归纳，从中发现重点，并让他们勤于动手把新概念、重点和自己不懂的地方即"难点"标出来，以便听课时集中精力搞懂、搞清楚。

**2. 课后复述。**

一节课完毕，我们可以让学生来复述这节课学过的知识。通过复述，让他们自己发现印象中最深的几个知识点，而这几个知识点往往正是老师讲课的重点所在。同时，由于学生层次不同，理解问题和解决问题的能力有较大差异，他们在复述过程中可能会发现许多各个层面的新问题，提出各种不同的思考和质疑。

## 3. 课堂练习。

对课本知识只讲不练，学生对课本知识的印象往往停留在一个浅层次上。通过精心布置相关练习，我们可以让学生们在做题的过程中强化课堂知识，并琢磨这堂课的重点。同时，我们还要要求学生应独立完成解题的过程，以便及时发现自己在知识掌握上的缺陷，从而做到拾遗补缺。

# 分组讨论

叶圣陶先生早在20世纪40年代就说过："上课是什么东西呢？在学生是报告讨论，不再是一味听讲；在教师是指导和订正，不再是一味讲解……在这样的场合里，教师犹如一个讨论会的主席……"叶先生说的讨论也就是课堂小组讨论。可惜，他的理论并没有在我们的课堂实践中发扬光大。

受传统教育模式的束缚，目前课堂上主要还是教师与学生之间的单向信息交流，缺乏师生之间、生生之间的交互活动。而在这样单向交流的课堂环境中，学生的学习机会是不均等的。部分优等生是教师的"宠儿"、课堂的主人，占据一节课的主要时间及空间，大部分学生则是学习的"配角"、课堂的"观众"，部分学生甚至成为了教师的"弃儿"。这绝不是身为教师的你在课堂上的初衷。

韩老师为能让学生学好英语，曾经绞尽脑汁。当然，付出必有回报，在英语教学方面，她有了很多不错的点子。

有一次，韩老师看着学生交上来的英语小作文，摇了摇头。除了几个学生的作文写得不错，大部分学生作文里的语法错误百出。不少学生写的句子纯粹是"Chinese English"，只是披了一件"英语字母的外衣"，恐怕除了他们自己，谁也看不明白这个句子是什么意思。

怎么办？韩老师想：如何让学生们互相取长补短呢？

突然，她眼前一亮，有了！

于是，快下课时，她说："同学们，下周三的英语课我们开始学习新课'Pollution'。从今天开始，大家放学后可以去图书馆或者上网找点有关环境污染的资料，包括大气污染、水污染、噪声污染等，不要找那种特别专业的，最好是科普类的。下周三课上我们要用这些资料。"

周三到了。

学习完新词，讲解完课文后，韩老师拿出事先准备的环境污染图片，说："同学们，下面我们全班同学分 10 个小组，每组 5 个人，进行小组讨论。10 个小组长的名单是……"

她把任命小组长的名单念了一遍。"大家如果对名单有意见，可以提出来。"名单上的 10 个学生都是英语学习上的佼佼者，且口语良好。所以，大多数学生没有异议。

"好，现在开始分组，我把要讨论的问题放到投影屏上，每个小组选择两到三个问题进行讨论，讨论时间为 15 分钟。但是有一个要求，那就是小组讨论问题时必须用英语对答，如果哪位同学想说某一个句子又不会用英语表达，组长可以提示他，如果还有疑问，就举手提问，我来指点一下。下面开始讨论。"

这时投影屏上显示了如下问题：

1. What is pollution?

2. How many kinds of pollution mentioned in the passage?

3. Is it possible to stop pollution easily? Why?

4. What should be done in order to make the air and rivers cleaner?

5. How do you to solve the problems of pollution?

6. When smoke turns into chemical rains, how does it destroy the world?

全班同学分组完毕，各小组落座后，根据已有的资料选择一个话题进行讨论，韩老师开始巡视。这时她听到 A 组的一个男生问小组长："我想说'许多人没有环保意识'，应该怎么说？"

"你可以换一种方式表达，用'But many people do not realize the problem of environment pollution'来表达，因为没有环保意识也就是没有意识到环境污染这个问题，生活中许多人总以为自己身边干净就行，而从来不考虑大环境。"

"可我说的是意识啊？"他回头问韩老师，韩老师笑着点点头："没错，你们组长说得对，可以换一种说法。"

不时有学生举手提问，韩老师也及时给予解答。环视教室，几个小组讨论得热火朝天，全然忘了韩老师规定的时间是 15 分钟。

见此情景，韩老师赞许地点点头，看了看表，说："同学们，时间到了，停止讨论。现在请各小组提出你们讨论中遇到的问题。"

"老师，我们刚才讨论的是如何解决噪声污染的问题，我们小组认为……"

一时间，几个小组争先恐后地纷纷向韩老师提出一个又一个问题，让她有点应接不暇。

"同学们，这些问题留到下节课集中解答，因为时间关系，这节课就不能一一解答了。另外，今天的作业就是把你们小组讨论的话题以书面表达的形式写出来，有问题吗？"

"没问题！"

"好，以后我们课堂上就不定期进行小组讨论，怎么样？"

"Very good！"有些学生俏皮地回答道。全班哈哈大笑。

课后，绝大多数学生在规定的时间里完成了这篇特殊的英语小作文。

而课堂上的小组则在课后自发组织起来，成立了学习小组。学生们对英语的学习热情也被调动起来了。

每个人学习自己的母语都是轻而易举的，原因就在于每个人从小就是在母语环境的熏陶中长大。

学生在课堂上学习第二外语时，限于条件往往没有真情实景，这个时候，小组讨论就派上用场了！

为什么马明伦的学生们的英语成绩越来越好？为什么上韩老师的课会成为学生们的一种期盼？或许，我们能从这里得到启示。

随着时代的发展，学会合作已成为人类生存、学习的必要。分组讨论不仅能增强学生的参与和合作意识，还有利于促进学生的思维发展，进而实现课堂教学的最优化。课堂分组讨论是一种学习的过程，是一种训练的过程，也是一种思辨的过程。讨论可以使学生的思想深化，思维清晰化、条理化，让他们从中学会思索、学会合作、学会探究。

在小组讨论时，学生面对面交流，可以自由提问，自由回答。但有一点：在小组讨论中，他们会发现只顾自己信口开河，不倾听同组同学的意见是行不通的，那样只会招致同学的反感；也不能沉默无语，没有半点自己的意见，因为这将会使讨论无法进行；还要克服个人的偏见，既不钻牛角尖，也不人云亦云，顺从于多数人的意见，因为如此下去也将失去讨论的意义。这就迫使学生必须学会表达自己，而他们的学习能力也将在这种轻松愉快的气氛中提升。

在小组讨论中，学生们不仅要表达出自己的观点，还要对别人的意见作出评价，而且要能通过集思广益形成自己的观点。通过分组讨论，学生才会深刻地认识到：在这个科学技术高速发展的时代，许多问题不是靠个人的智慧所能解决的，只有集众人之力，才能达到目的。而这些本领，正是当今社会对人才的要求。

说了这么多分组讨论的好处，你是不是已经有了要试一试的想法了？或者说在你眼里，分组讨论并不是很神秘的事，因为你在课堂上也经常用这个办法。但是，不要以为在课堂上只要把学生分组，给他们话题来讨论就万事大吉了。如果没有合适的指导，很可能学生们会把你精心构思的讨论会当成"聊天会"了；或者由于小组分组不明确，讨论反而变成了某些学生的"一言堂"了。这样一来，结果和你的初衷不是又相去甚远了吗？

因此，关键问题就在于我们如何组织积极有效的课堂分组讨论。

指导学生分组讨论的要点：

## 1．小组讨论要求分组恰当。

分好组是小组讨论成败的关键。我们在分组时要力求各小组成员在学习水平上大致均衡，男女混编。在这个基础上采取自愿为主、适当调整的方法，避免相互排斥者同组。

小组人数以 5 人最为适宜。小组组长最好是本学科学习较好、乐于助人、有威信者，一般由小组成员选举产生。小组座位也可以根据情况，灵活安排，比如前后双人桌，六人小组时可移动课桌组合成马蹄形状等。

## 2．小组讨论要求方式多样、中心突出。

方式多样是小组讨论具有吸引力和适应性的重要前提。首先，根据讨论内容需要，选择合适的成员发言方式；再次，科学编排小组。

小组讨论准备工作必须围绕教学中心进行：发动阶段一定要使学生明确小组讨论中心，自觉做好讨论准备；引导过程重点在于指导学生围绕中心展开讨论，不浪费自己和他人的时间与精力；评价的重点在于看有没有完成中心任务。同时，教学中心也是小组形式确定的依据。

3. 教师在小组讨论时的位置。

教师要参与小组讨论，首先是巡视、倾听，然后有目的、有重点地参与到需要帮扶的小组中去，以便在随后的小组汇报中有针对性地进行指导点拨。

4. 评价小组学习效果。

对小组学习效果的评价主要通过小组学习汇报衡量，既要注意对小组成员讨论过程的评价，又要注意对结果的评价。同时，我们还要培养他们组与组之间的竞争意识。比如，用小组讨论评比表等，激励他们参与讨论的积极性。

# 课堂辩论

大家都比较熟悉美国两党之间的执政之争。两党候选人无论在宣传自己的治国主张，还是在击败政敌、争取选民时，靠的就是辩论！

在法庭上，公诉人和辩护人为了争取法庭采纳自己的意见，也往往要对犯罪事实与适用法律开展激烈的辩论！

在商战谈判中，要想在短时间内说服对手接受自己的观点，高效率高质量地完成说服任务，也非能言善辩者莫属。

一句话，辩论是唇枪舌剑的"战斗"，是思想与思想的撞击，是智慧与智慧的较量。

但是，许多年轻人却都有过类似的不幸体会：参加工作的兴奋感还没有完全褪去，而心底的困惑甚至恐惧感就已经如潮水般涌来：为什么在公司里人与人之间这么难以相处，全然没有了校园里的那种平易与和谐？为什么错的不是我，别人也会怪罪到我头上？为什么挨训的总是我？

N个为什么汇集起来就成了那句经典名言：为什么受伤的总是我？

多年的寒窗苦读，学生们已经习惯了听老师说、听老师讲，除了偶尔被提问，他们开口的机会很少。我们在课堂上所做的一切都是围着升学这根指挥棒转，从来没有人意识到在课堂上不仅仅是要传授知识，还要教会学生走上社会以后如何与别人交往。结果，学生毕业了，走出校门后，除了那些在学校里担任学生会干部之类的学生外，大多数人会有一种"不会说话的感觉"，不知道在风云突变的职场里应该如何表达自己。对此，恐怕谁都难以做到心静如水。作为一个教育工作者，我们对此也负有不可推卸的责任。

作为教师，与其让学生走出校门后才发觉需要结结实实地补课，不如现在就动手给他们"上课"，让他们学会在辩论中学习。让辩论进入课堂，能促使学生在课堂上大胆探讨问题时，精力高度集中，思维活跃，有助于学生思维能力的发展。

辩论进入课堂，往往是在学生未做任何准备的情况下出现的，尤其是当对方即兴提出自己的见解或疑问时，要驳倒对方的观点，回答对方的提问，他们就需要极大地拓展思维、即兴发言。对学生来说，要在短时间内调整好心态、理清思路，并组织条理清楚、令人信服的辩论语，没有严密的逻辑思维能力和极强的口头语言表达能力是很难做到的。

辩论进入课堂，能促使学生对问题或不同见解进行深入思考。学生要想在辩论中指出对方的错误或形成自己的观点，必然要深入地搜索大脑中相关的资料、知识等。这个过程，可以培养学生动手动脑的良好习惯，激发学生深入探究的学习兴趣。

辩论进入课堂，能让学生之间实现知识的共享。人与人的思想撞击往往是在唇枪舌剑、你来我辩的争锋中产生的，而课堂辩论就是你为学生提供的一个最好的"百家争鸣"的舞台。

有哲人说过："你给我一个苹果，我也给你一个苹果，那么我们手头还是只有一个苹果；但是，假若你给我一种思想，我也给你一种思想，那么，我们每个人就拥有了两种不同的思想。"

前些年，中央电视台曾出现过一个收视率极高的电视节目《全国大专辩论赛》。电视屏幕中，优雅的主持人和幽默的嘉宾带来了明星效应的巨大光环，衣冠楚楚的辩手和富丽堂皇的辩论会场几乎变成了吸力极大的魔法石、唇枪舌剑、引经据典的激烈辩论成了当年年轻学子的一个无限的刺激和向往。一时间，大学生辩论赛的辩手借助媒体的强势，不仅吸引了无数人的关注，也迅速成为了许多学生心目中的偶像。辩手身上被认为集中体现了口才、机智、渊博的知识和好学等优点，成为了许多不能上电视而内心深处渴望被关注的学生模仿的对象。辩论之风一时间也风靡校园。

且不说这场辩论赛为何能吸引如此多的眼球，单就学生们对辩手的崇拜、模仿就说明了一点：每一个学生心中对辩论都是心驰神往的。而长期以来，我们的课堂教学却恰恰忽视了这一点，从而剥夺了学生们充分展现自我，表达自己个人观点的机会。

也许你会说：所谓的辩论说白了也就是互相争论不休甚至吵闹不休，你不服我，我不服你。课堂时间如此宝贵，怎么能让课堂"吵"起来，让学生们在"吵吵闹闹"中浪费时间呢？请不要误会，我们说的课堂辩论绝不是无目的地争吵或有意地抬杠，而是对疑难问题的争论、辩论，是学生们为弄明白一个问题或表明一个观点，深入了解课堂教学内容而进行的各抒己见的辩论。

因此，时间与辩论并不矛盾。

让学生辩论吧，它可以让学生进一步认识社会。社会是一个"万花筒"，赤橙黄绿青蓝紫，什么都有。而一个人的能力有限，一个人的见解可能与众不同，或有偏差，甚至有悖于我们的社会。那么，我们是让他们把自己的见解埋在心里，还是让他们一吐为快与别人交流呢？让他们辩论，让他们发言，让他们交流，让他们发泄，让他们叙说吧，这一番吵吵闹闹后的结果也许会令人大吃一惊，社会的起源、生命的诞生，天文、地理等也许不再模糊，也许还有不明白的星星点点，但这种作用不是哪一位特级教师的一堂两堂令人鼓掌的课所能拥有的。

让学生辩论吧，它可以丰富学生的情感世界。在辩论中学生们唇枪舌剑、针锋相对，火药味十足，有迂回的小心翼翼，有重磅炸弹的狂轰滥炸，也有旁敲侧击的流弹，这么多的"巧妙"就包含了无尽的情感。爱与憎、真与假、美与丑、善与恶、新与旧……在语言中显露、在手势中表征、在体态中张扬。学生们的情感丰富了，他们就会在生活中动用这一次次的感情储蓄，而动用后的感情又会一次次的增进，这样的感情良性循环"储蓄——动用——增进——储蓄"可以使学生们的情感世界更好地发展。

让学生辩论吧，它可以使学生的心理障碍及时得到疏导。孩子的世界是七彩的，他们的心中有许多我们大人无法想象的复杂，对未来天真烂漫的幻想、对现实与课堂教育相悖离的困惑、对别人成功的嫉妒、对自己时起时落的痛苦、对老师种种做法的非议、对某些家长专权统治的诅咒、心中小秘密无法藏身又无法交流的苦恼，等等。孩子的心中绝不是一潭死水，有时是狂风暴雨，有时是春风荡漾，我们的为人师、为人父、为人母们怎能袖手旁观？说吧，让他们痛痛快快地、明明白白地说，说出他们的痛苦，说出他们的不解……辩论场上就是他们倾诉的场所，我们要听，要静静地听，要"望闻问切"，还要"对症下药"。我们可以每一次都有选择地选几个学生们感兴趣的热点话题，然后大家准备材料，老师也不例外，大家都不打无准备之仗。辩论前的精心准备，辩论中的慷慨陈词，辩论后的如释重负，这不是哪一位老师一个人就能做到的。

让学生辩论吧，它可以提高他们的作文水平。言为心声，辩论使"心声"变为口头语言，作文使"心声"变为书面语言，两者都是"心声"的积淀。而辩论中的口脑心手形体的协调，更是高智力的活动。一次次的辩论，使学生们的神经中枢亢奋又亢奋，这无疑是提高他们作文水平的催化剂。

让学生辩论吧，它可以培养学生们的意志品质。辩论中有得心应手的陈述，也有始料未及的尴尬，有奋勇追穷寇的豪迈，也有绞尽脑汁的着急，更有"山重水复疑无路，柳暗花明又一村"的喜悦。辩论是一场只见声音而不见硝烟的战斗。学生们总觉得辩论与其说是在挑战对手，倒不如说是在挑战自我，挖掘潜能，征服前进途中一个又一个的"障碍"。如果一个人形成了这样的品质，在以后的人生征途中还有什么样的困难不能克服？请记住，辩论能够让我们明白：只有不断挑战自我的人，才能鹰击长空，才能永远做生活的强者。

请把辩论引入课堂吧，因为辩论中多种思想的交叉和撞击，将犹如大自然中不停变幻的风霜雪雨、阴晴圆缺。这种多姿多彩的学习环境，这种多种思想共存的灌溉，将会使学生在快乐中成长，在快乐中学会成熟，并学会分辨是非！

组织课堂辩论的注意事项：

作为老师，你既是课堂辩论的推动者，又是辩论的仲裁者。所以，要组织一堂卓有成效的课堂辩论，你必须设法创造一种平等和谐的辩论氛围，又要适时地对学生加以点拨、启发，还要防止课堂演变成毫无章法、漫无边际的争论，成为一节争吵课。

1. 选择合适的辩题。

辩论前必须给学生讲明辩论的意图和目的，让学生事先有所准备。教学辩论作为一种辅助教学形式，无论是在课外还是在课内进行，都是完整的教学过程中的有机组成部分。这一特点决定了辩题必须和课程教授的理论内容有着一定的联系。根据这种联系的性质与程度的差别，以及组织辩论的具体目的，我们要选择那些有争议的话题、学生普遍关心的话题、知识性强的话题。

## 2．组织辩论小组。

要让学生人人参加辩论，以避免讨论被一两个人所垄断，力争给每个学生创造展示自我的机会。我们可将整个班级按男女生划分为正方和反方，也可按学生的编号分成对等的正方和反方。这样就可以调动全班同学参与。

一般来讲，我们都是先将辩论题目告诉大家，然后让大家充分准备。在准备的过程中，小组成员经过讨论确定本方观点，并推选 4 名同学当辩手，在自由辩论中本组其他同学作补充发言。上课时，双方利用半小时或 20 分钟的时间进行辩论，最后由老师对最方的辩论技巧、逻辑推理、语言概括能力等诸方面进行总结。

## 3．辩论过程。

教师要仔细聆听双方的辩论。辩论要始终紧扣主题，教师要限定每个论题的辩论时间和效率；辩论结束时，教师应归纳主要论点，做好小结，并与前后的学习内容相衔接。在总结时，教师应对双方辩论的利弊得失进行详尽的分析，评出优劣。在辩论过程中，教师还要尽量做到发现每个学生的个性差异，以便做到因材施教。

## 4．教学辩论使用的频率。

在实际教学过程中，辩证法的运用不宜过滥。次数多了或时间间隔过短，则易使学生失去新鲜感。

# 第四节　合理利用自习课

## 自习课误区

针对目前自习课现状，我们存在如下误区：

误区一：自习课成了自由课、放松课，没有惜时观念，缺乏学习的目的性、针对性，有的同学不是眉毛胡子一把抓，就是漫无目的地盲动，往往拿起一本书翻翻然后放下，又拿起另一本书，拿起这张卷做两道题，拿起那本书背两句，一节课就在这种无目的、无意识的混沌中度过，一无所获。更有甚者，无所适从，在呆滞的静默和恍然睡梦中浪费了光阴，一步一步拉大了和他人的差距。

误区二：自习课成了讨论课。自习课首先要求就是自主探究，许多同学认为自习课讨论不也是在学习吗？如果学习中遇到困难一味期盼别人给予点拨、启示，久而久之就会形成一味等靠的依赖心理，滋长了自己的懒惰情绪，长此以往，学生的独立意识就会逐步丧失，独立能力、创造力、创新能力逐渐就会泯灭，就会成为学习的奴隶。再之，讨论是否会影响周围同学的学习呢？

误区三：自习课就是作业课。自习课在每科茫茫的作业题海中鏖战，在无休止的作业、练习、报纸中无法摆脱。每节自习课总是在疲惫中度过，认为作业才是自习课的主旋律，繁重的课业负担造成学习心理压力过大，心理障碍逐步开成。

误区四：自习课成为个别学科的抄题课、辅导课、实习课。自习课也就失去了应用的功能，影响学习成绩均衡发展，无意识中形成了一种被动的偏科现象。

# 高效利用自习课

自习课区别于正课，是在没有教师参与的前提下，由学生自由支配时间，自己决定学习的内容的课程。学生在自习课上可以发挥更大的自由权，也可以借助自习课查漏补缺，弥补正课之不足。那么，学生该正确如何对待自习课，并努力上好自习课呢？

## 1. 如何对待自习课

态度决定一切。自习课与其他正课一样，按照课堂十不准九严格要求，尤其是公共自习更应严于自律，形成良好的学习习惯：发挥学习小组监督制约机制，保证自习课紧张、有序、高效地自主学习，我们不能把自习课看作自由的天堂、放松的空间，切记逆水行舟，不进则退。身边的同学每分钟都在进行着无形的竞争，比品质、比毅力、比认真、争时间、争效率，我们应树立惜时观念，提高时间利用率。

学生的生理和心理发育在日趋成熟，学生思维的批判性、独立性得到了更高的发展，沿用小学、初中的"保姆式"管理，强迫学生坐在教室里，不符合学生的心理和生理。"牛不喝水强按头"，但牛绝对不会喝水。同样地，对学生的强制势必带来学生的逆反。因此教师在指导的过程中要掌握好方法。既要让学生产生上好自习的愿望和要求，又要给予适当的纪律约束。

（1）对学生进行思想上的引导，增强其自习课上学习的自控能力。首先要利用好一些实例，引导学生树立积极高尚的学习目的，因为学生所需要的就是一个目标、一个方向。高尚明确的学习目的，才能产生持久的动力，持久的动力才能让人保持学习的愿望和需求。其次要对学生进行惜时教育、勤奋教育。要通过主题班会、朗诵比赛、名人小故事、谈话等多种形式，在班级中形成这样的共识：高中三年是我们一生中最关键的三年，要珍惜时间，把勤奋作为做学生的根本。最后还应引导学生养成良好的学习习惯。从某种意义上说，学校教育的目的就是帮助学生养成良好的习惯。好的学习习惯应包括坚持课前的预习、课后的复习、先复习再做作业、作业要独立完成、自习课要尽量自己学习少讨论等，好的习惯的养成需要最初的自我约束和以后的坚持。

（2）学习方法上要加强指导，会学了才会自己学。很多学生刚上高中并不适应课堂的大容量和课程难度的增加，因此容易在自习课上茫然不知所措。针对这种现象，要首先请各任课教师与学生交流本学科的知识及方法特点，使学生尽快适应。此外，还可以利用班会、黑板报、资料库等方式提供给学生更多更好的可供选择的方法。比如，如何进行科学的预习和复习、怎样制订自习课小计划、先从喜欢的学科开始学有什么好处、怎样控制闲话闲事和闲思等。实用有效的方法能让学生在自习课上全身心地投入到知识的学习中来。

（3）制订纪律管理制度，保证一个良好的大环境。科学管理的基础，必要建立起一套合理完善的管理制度。我们很难实现每个学生都有学习的愿望，而且学生年龄特征也决定了他们的自控能力较差，要想有好的自习氛围必须先有好的自习课管理制度。制定班级自习管理制度，并不是班主任的需要，而是班级工作和全体同学的需要，同样制度的实施也决不是班主任和班干部的事情，而是涉及每一个同学的切身利益。所以，班级规章制度的制定，一定要走群众路线，要有全员参与性、公正性和透明度。初稿可以由班主任和班委会、团支部一起研究审定，但最后的确定一定要经过全体同学充分地参加讨论，充分地发表意见和发扬民主。因为只有通过民主讨论制定的制度，才能成为大家的公约，才具有合法性，也更具有科学性和公正性。只有这样的制度才能使强制和自觉较好结合起来，增强群众执行制度的自觉性。

（4）培养好的班级管理的队伍。有了纪律不一定就有好的自习课。很多班级存在着班主任一人抓纪律的局面，老师在场时秩序良好，老师一走纪律混乱。解决这一问题的最好方法是培养一支得力的有威信的，能够积极主动、创造性地开展工作的班干部队伍。班干部在很多情况下是制度的监督者同时又起着不可忽视的榜样作用。一般来说班干部的威信来源于两个方面：在很短的时间内便可形成的老师赋予的行政权威和较长时间才能被众人所认识和发觉的自然权威——个人魅力影响。高明的领导往往是两者兼具的，而更高层次的领导尤其需要的就是个人了。因此，一个好的班干部队伍的形成不仅依赖于重视其道德品质和管理能力的选拔，还应当注重培养的过程。班主任对班干部的工作方法要加强指导，对他们的人格修养也要提出更高的要求。

**2. 如何上好自习课呢？**

（1）自习课应制订切实可行的计划，做到有的放矢，如果没有目的随意性学习，就如大海中没有航标的孤舟无法到达成功的彼岸。不能凭自己的兴趣、好恶决定学什么，切记产生偏科现象，一条腿走路，势必会落后。

（2）圣人云："每日三省吾身。"自习课是一个很好自我省察的空间，包括各学科及态度、方法等，吸取教训总结经验，自习课上的查漏补缺应是主旋律，要结合自己实际情况、各学科不同特点，合理安排时间和内容，夯实基础，大力抓好自己的薄弱学科，并巩固提高自己优势学科，主动寻找突破点，老师不留作业并不意味不做题，而是要主动针对每一学科学情，抓弱点、重点反复练，并使自己的知识得到消化巩固、提高、拓展、延伸。"温故而知新"，也可参考老师提出的目标要求，搞好补差，由被动的学到主动的尝试、探究，在自我测评、纠错中提高，你会发现学习也充满了快乐。

（3）自习课上遇到困难，独立思考，克服依赖心理，通过自己的劳动取得的成果，你会更多地体味成功的喜悦和成就感，会增强你的自信和与困难作斗争的勇气和毅力。

（4）做到今日事今日做，利用自习课搞好天天清，养成良好的学习习惯，形成良性的循环，相信你的成绩会有质的飞跃。

（5）按照老师要求，有针对性地做好新课的预习，有意识地培养自学能力，为进一步学习新知识奠定基础，在新旧知识联系中保证知识连续性。

# 第五章 环境篇：

## 家校结合 多法并行

在当今社会，人们普遍认为，孩子的教育仅靠学校单方面的力量是难以完成的，要求学校和社会各方面，尤其是和学生家庭通力合作，统一力量，引导学生健康发展。家校合作是当今社会学校教育改革的一个世界性趋势。对孩子成长来说，学校与家庭、父母与教师是协作关系、同事关系。但是由于诸多因素的存在，教育体系中，学校教育与家庭教育的关系一度出现了偏差，前者被赋予了过多的教育职能，而后者则相反，被一定程度地矮化。同时家庭教育和学校教育在手段和态度等方面不能很好地结合，教育在学校与家庭之间分别进行，形不成合力，也就达不到教育应有的效果。

家庭和学校是学生学习生活的主要场所。家庭教育失误，或学校教育缺欠，都无法培养一个德才兼备的合格人才。苏霍姆林斯基说："生活向学校提出任务变得如此复杂，以至如果没有整个社会，首先是家庭的高度的教育素养，那么不管教育付出多么大的努力，都收不到完美的效果。"如果家庭教育与学校教育不一致、不配合，那么两者的教育就会削弱，甚至互相抵消。

学习不仅仅是理论知识的学习，还包括对生活的学习。那么，培养孩子爱上学习的兴趣和提高孩子高效学习的能力，除了要求教师以身作则、出谋划策外，还要求广大家长齐心协力、积极配合。因此，家校结合是势在必行的，对帮助孩子爱上学习也是有重大意义的。

而家校交流的方式多种多样，这则需要家长和老师们共同交流，彼此合作，摸索出适合每个孩子的交流方式。只要我们结合实际生活和工作，根据具体情况作出选择，让孩子们得到来自于家长和老师的双重关注、科学教育，从理论上讲，所有的孩子都能拥有一个健康、温暖、和谐的成长环境。

# 第一节　激发学生的危机意识、竞争意识

## 自大情绪

自大情绪是指学生在学习、生活中对自己的言行不能作出正确的评价，错误或者过高地评价自己，拒绝外界信息的介入，导致心理失衡的不良情绪。

（一）自大情绪的类型及成因

1. 光环型。

此类型的学生从儿童时期便是家庭的中心，受到长辈的万千宠爱，甚至是溺爱。他们都被周围的人捧在掌心里，经常受到称赞、表扬，学习、生活一帆风顺。由于从来没有受过挫折或批评，他们的抗挫能力很差，当遭受到批评时，常感觉有失颜面，不能接受。

某中学的音乐老师王老师在新学期接手了一个新的班级，谁知给学生们上第一节课的时候，就惹哭了一个叫晨晨的女生。

上音乐课的时候，张老师让大家学唱新歌，集体学唱后，张老师点了几个同学，让他们各唱其中的几句，晨晨也被点名了。当晨晨站起来唱完后，张老师发现她有一句音唱得不是很准，就告诉她应该如何唱。晨晨又唱了一遍，可还是不太准，张老师又耐心地纠正了她的音准。可谁知晨晨板起了脸拒绝再唱，她说："我没唱错，就是这样唱的。"这时，班里有几个同学小声笑起来，也不知是谁说了一句"她唱跑调了"，这句话惹恼了

晨晨，她怒气冲冲地说："这几句就应该是这么唱的，我学了五年的钢琴了，能连这几个音都不懂吗？"张老师也生气了，批评晨晨不应该用这种口气说话，晨晨趴在桌子上哭了起来。张老师很无奈，这节课就在这种尴尬的气氛下结束了。下课后，张老师主动找到晨晨的班主任说了这个情况，从班主任那里，张老师了解到，晨晨的家庭环境很好，从小父母就送她去学钢琴，她也很有天赋，钢琴弹得很棒，常常受到亲友和老师的夸奖。长年生活在光环中，使她养成了骄傲自负的心理，听不得一点批评，尤其是当张老师的批评和她最引以为傲的音乐有关时，她就更加无法接受了。

此种类型的自大情绪一般多发生在家庭环境比较优越的学生身上，也多和父母的溺爱有关。

### 2. 过度自信型。

这种类型的学生一般来说是班里的尖子生，担任一些班级工作，他们学习成绩优秀，头脑聪明，思维活跃，有很强的心理优越感，在学习上他们很有自信，但有时这种自信过度，演变成了自大。

某高中的李老师近期注意上了班里的男生小海，小海是班里的学习委员，学习成绩很好，但比较高傲，和同学的关系也不太好。

有一次上课时，李老师在黑板上出了一道题让学生们讨论，大家你一言我一语地发表自己的解题思路。小海也站起来回答这个问题，他详细地阐述了自己的思路。李老师听了以后，知道小海的解题方法是正确的，但却不是最好的方法，于是李老师不置可否，继续问谁还有其他的方法。另外一个男生站起来回答，他的解题方法恰恰是最正确又最好的方法，李老师还没来得及说话，就见小海十分不服气地站起来重申自己的方法，然后和那位同学争辩起来。当李老师说那位男生的答案最正确又最好时，小海很生气地把笔往桌子上一摔，气恼恼地坐下了，接下来的一节课他一动不动地坐着，一副十分生气的样子。

从那次以后，李老师就开始注意观察小海了，他还跟班上的同学询问小海的情况，同学们都说小海平时就狂妄自大，一副目中无人的样子，班上没有什么同学喜欢他。有一次，小海跟一个女生就一道题争论不休，那个女生怎么也不同意他说的是对的，最后小海急了，竟然把女生的课桌都掀翻了。

小海就属于过度自信的学生。由于自己本身具有一定的能力，使得自信心膨胀，听不得任何反对意见。这种类型的学生在人际关系上往往会出现一些障碍，不能融入集体，周围的同学也因为他们的自大而不愿意与他们亲近。

### 3. 自以为是自大型。

这种类型的学生学习成绩也不是很好，但经常自以为是，唯我独尊。他们表现出来的自大实际上是一种假象，是为了掩盖内心的自卑感。这种情况多发生在一些后进生身上，或是家庭情况不太好的学生身上。

### 4. 错误认知型。

有一些学生，他们把一些不应该引以骄傲的东西当成了自大的资本。比如，作弊的技巧、打架的本事、和老师作对的勇气等。这些学生的人生观、价值观扭曲，连是非善恶的标准都混淆了。

自大也是我们通常所说的骄傲、自满、目中无人、眼高手低、自命不凡、唯我独尊、自以为是，它通常有以下表现：

### 1. 自我评价过高。

有自大情绪的学生普遍认为"我是最优秀的，才华出众，别人都比不上我"。他们不能正确客观地看待和评价自己以及别人的能力，总认为自己的能力远远超过别人。

### 2. 热衷竞争、比较。

有自大情绪的学生热衷于竞争，喜欢和周围的人比较，并希望通过竞争打败他人，证明自己的优越。当他们无法胜过他人时，就会充满嫉妒与敌意，甚至对竞争对手进行恶意的攻击或陷害。

3. 不愿深入学习。

有自大情绪的学生一般头脑聪明、灵活，学起东西来很快。但是当他们刚学到了一点儿就觉得自己全都懂了，产生了自满的心理，不愿再继续认真、深入地进行探索。

4. 常常自我炫耀。

有自大情绪的学生常常到处炫耀自己的长处和成绩，一旦受到批评、指责，立刻会变得像一只好斗的公鸡，脸红脖子粗地与对方争论，极力维护自己、贬低他人。

5. 听不进批评意见。

有自大情绪的学生总认为他人对自己的关注、赞美、关心都是理所当然的，当周围环境中出现和他们不一致的声音时，他们急于否定并盲目地认为自己才是正确的，从来听不进师长的批评和同学的意见。

6. 缺乏愧疚感和责任感。

自大的学生做错事总会为自己寻找各种借口，推卸一切责任，拿别人当替罪羊，从来不会进行自我反省。

因自大情绪而产生的以上这些表现，使得这类学生与周围的同学格格不入，影响了班级的团结。

自大情绪的初期表现就是平常所说的骄傲、自满，如果老师没有及时纠正这种不良情绪，很容易使它发展成为自恋心理，这会使学生深受其害，不利于他们日后在社会上的生存和发展。

处于青春期的学生或多或少都有着自大的情绪，主要是由学生不能正确认识自己造成的。老师在管理学生自大的情绪时，一定要让他们正确地评价自己，具体方法如下：

1. 认知调节法。

老师应该让学生深刻认识到自大带来的危害，让学生保持一颗谦虚谨慎的心，同时也要让他们正确地对待荣誉，明白成绩只能说明过去，不能代表将来。

## 2. 受挫训练法。

对有自大情绪的学生要进行受挫训练，让他们经历失败的考验。老师可以在学生遇到挫折时有意识地强化他们的正确认知，让他们了解受到挫折的正确原因。也可以交给这些学生一些比较困难的事情让他们去做，当他们没能完成任务时，要帮助他们分析原因，使他们看到自己并不是十全十美的。

值得注意的是，当学生由于受到挫折而感到不愉快时，老师要指导他们尽快调节心情，以乐观的态度去接受失败的考验，这对学生形成良好的个性品质是非常有益的。

## 3. 持样法。

学生之所以出现自大的情绪，很大一部分原因是他们的生活圈子过于狭小，眼界太窄。老师要让学生摆正自己的位置，认识到山外有山，人外有人，跳出班级的小圈子，站在客观的层面看待自己。

老师可以给学生树立一个榜样，比如告诉他们一些成功人士是怎么做的，让他们看到自己和成功人士之间的差距，从而学会全面、客观地剖析自己。

值得注意的是，老师在给一个自大的学生树立榜样的时候，尽量不要拿他身边的同学跟他比，以免学生产生逆反心理。

## 4. 目标法。

对于有自大情绪的学生，老师应该指导他们树立更远大的目标和理想，让他们把目光放远，不要为眼前的一点小荣誉而沾沾自喜，裹足不前。

## 5. 集体活动法。

老师应该让有自大情绪的学生多参加集体活动，尤其是和比他们年龄大的高年级学生一起活动。活动时，高年级学生表现出来的才智会令他们认识到自己的不足，这种感受对管理学生自大的情绪可以起到一定的作用。

**6. 三少一多法。**

老师在管理学生的自大情绪时应该注意"三少一多"：

（1）少表扬。

学生的自大往往由于师长的表扬过多，赞誉过多。当有自大情绪的学生表现不错，或者很出色地完成一件任务时，尽量避免在众人面前表扬他们，应该让他们知道，他们的良好表现是理所当然的。要注意的是，老师也不要特意为了挫一挫学生的傲气而小题大做，故意当众批评他们，这会使学生的自尊心受到伤害，极有可能让他们走向另一个极端——自暴自弃。

（2）少给表现的机会。

对待有自大情绪的学生，老师要少给他们一些自我表现的机会，减少一些特殊待遇。比如，上课的时候不要总是提问他们，进行集体活动时不要老让他们当组织者、领导者。如果有必要，还可以让他们充当配角，让他们感觉到自己和别人是一样的，没有什么了不起。

（3）少关注。

对这类学生，老师不要把目光过多地集中在他们身上。过多的关注会让他们觉得自己是班里的中心人物，这会进一步滋长他们的自大情绪。

（4）多要求。

老师要给有自大情绪的学生多提要求，并严格监督。这类学生大多能力比较强，学得比别人快，做得比别人好，因此老师对他们的要求理应比其他学生更高一些，让他们觉得要付出更大的努力才能成功，使他们经常感到自己的不足，感到自己还有很多需要学习的地方。

老师只要注意这"三少一多"，在管理学生的自大情绪时就可以事半功倍，让学生不骄不馁，健康地成长。

自大是很多学生尤其是优秀学生经常产生的一种情绪，这种情绪会导致学生看不清自我，失去前进的动力，甚至会"马放南山，刀枪入库"。自大情绪对他们现阶段的学习和未来的发展都是极为不利的，老师一定要尽快纠正，及早管理。

# 第二节　注重教室环境的营造与维护

## 改变课堂环境细节

有句话叫：熟悉的地方没有风景。在一个一成不变的环境里时间久了，人就会产生厌倦感，这是许多人的生活经验。对学生们来说，这条经验同样适用。在一成不变的课堂环境里时间长了，同样会感到厌倦。

想想看，假如我们那个形状、位置、摆放等十年如一日般从来不曾变过的讲台、黑板和课桌椅，突然之间变做了另外一副模样，学生们该会有着怎样的心情呢？不要以为这是一件毫不起眼的小事情、小细节，变一变，会让你收到意想不到的效果。

孟老师老师给学生上课时，总爱出一些令人意想不到的点子。听他讲课，总会让人有一种重换天地的感觉。在教授自由落体运动一课时，因所教内容枯燥，一些学生开始昏昏欲睡。孟老师立即停止讲课，提议道："同学们，这节课我们把课桌椅重新摆放一下，大家围成一圈听课，如何？"

台下的学生不知他葫芦里要卖什么药，还以为是要做什么游戏呢，于是立刻动手摆弄桌椅，两分钟后，一个"圆桌会议室"就出现在学生面前。

孟老师站在圈圈中，就像电视上的主持人一样，一本正经地扫视着四周的学生，而学生们也笑嘻嘻地盯着圈内的老师。

"好，现在我们开始上课，大家看，如果我把这个纸袋和这个小钢球同时往下扔，你们会看到什么现象？"

"钢球先落地呗！""钢珠落得快！"周围的学生七嘴八舌，甚至一些平时很少举手的学生也满面生辉地看着孟老师。

孟老师对这种气氛十分满意："对，这就是我们的生活经验，这也是公元前希腊的哲学家亚里士多德的观点。但是，我现在要变一个魔术，结果与你们想像中的是不一样的。我之所以让你们围成一圈，就是便于你们更仔细地盯着我，如能看破并指出我魔术中的花招和漏洞者，必将重奖。"

孟老师将手举高，纸球和钢球同时从手中跌落，且几乎同时落地。

学生们七嘴八舌起来："呀，真奇怪。""可我明明没有看到老师施什么法子嘛。"

孟老师笑道："想知道原因？那就请听我详细分解！"

学生们顿时竖起了耳朵。

为了调动起学生们对课堂的兴趣，孟老师经常性地改变课桌的排列顺序，如排成圆形，或让学生背朝黑板，或两人一组，或一人一桌等。在口语交际课的时候，孟老师曾经尝试把课桌摆成相对的两大组，形成辩论的激烈场面，便于学生间的相互交流和小组内的凝聚力。

孟老师信奉"课桌的摆放并不是单一的，教师可以随时更换，随时给学生新鲜的感觉。只要学生喜欢，我的教学就算成功了一半。"

孟老师的特级教师之路，确实再次印证了他成功的教学思想和理念。

仅仅是桌椅的摆放位置做了改动这样一个小细节，却给学生换了一番天地的感觉。课桌椅不再是规规矩矩的方阵，而变成了富有曲线的"圆"，抑或是别的什么形状，这些"面貌一新"的不同寻常的变化确实能让学生们眼前一亮：哦，原来也可以在这样的环境里上课！此举必然引起学生的兴趣，并一改往日的无精打采而呈现出高度兴奋状态。因为视野的变化就会影响到学生的心情的变化，这非常有利于教学。

对习惯了"脸朝讲台"的学生来说，突然有一天，老师不再高高在上，而是走下讲坛，与他们"平起平坐"。表面上看，老师的"威严"减少了，但却与学生的距离拉近了，也无形中增加了师生在教学中的交流。

孟老师改变课桌的摆放，这个小动作看似简单，但却给学生创设了一种轻松自然的学习环境和氛围，有利于学生集中精力听讲，也便于老师组织教学。

改变课桌椅摆放，使得教室的空间环境有利于师生互动、生生互动的教学要求；尽可能地解放学生的所有感官，让课堂充满生命的灵气。它彻底打破了传统僵化的教学组织管理方式，张扬了富有个性和充满活力的教学组织形式，表现了孟老师独特的教学手段。

根据研究表明，在我们传统的课桌椅"秧田式"排列法的环境里，坐在前排和中间的学生，由于他们与老师之间的空间距离较短，心理距离也相对较短，这些学生往往能博得老师的表扬和称赞，因而也会以较大的热情投入到学习活动中去，学习成绩也相对较好。

而坐在后排的学生则对学习持消极态度，也由于他们与老师的空间距离较远。因而心理距离也相对较长。从而这些学生表现出对自己获得学习上的成功也缺乏信心。

因此，一些有经验的老师，往往会对有限的教室环境作一个小小的变动，以此来带动学生们学习态度的变动。

下面提供一些小建议：

## 1. 改变桌椅排列形式。

可根据教学需要，将课桌椅随意组成马蹄型、对称型、品字型等，使学生更好地参与课堂教学活动。

## 2. 改变教室的光线和通风状况。

## 3. 改变教室空间和色彩。

用低矮的小隔断改变教室空间，用盆栽的装饰花木等美化教室，同时调节教室色彩。

## 4. 改变老师的办公地点。

在教室内开辟教师办公角，把办公桌搬进教室，以缩短师生间的距离，但前提是：教室里有足够的空间。尽管教学空间是有限的，但是，只要用心思索，就能在有限的空间里创造出无限美好的人文环境。

# 第三节　教师以身作则

## 肢体语言

教育教学过程中最重要的是沟通。沟通的方式除了语言之外，还有肢体。

有这么一组数据；信息传递形式＝7％的词语＋38％的声音＋55％的面部表情和肢体动作。由这个数据可见教师体态语的重要性，老师一个亲切的微笑，一个关注的眼神，与学生之间适当的距离（如提较难问题时适合远距离，合作时近距离等），都能有效调节学生的情绪，激起学生的热情，从而提高课堂效率。

人的肢体语言，有的心理学家又称之为"身体语言"（body language），是一种非文字语言的信息传递手段，是人们广泛运用的无声信号。动作、手势等均属身体语言的范围。要做好肢体语言，就必须探讨一番表演艺术。也许你会纳闷："我又不要当演员，为什么要学表演？"

其实，肢体表演和教师教学的关系是非常密切的。从某种意义上说，教师就是一个传播知识的角色的扮演者，如果能用活泼的肢体语言去打动学生的心，学生就会愿意和老师亲近，老师的引导就能充分发挥作用。教育是面向学生心灵的一门精细活。在一些特殊的时机，教师的一个赞许的眼神，一个肯定的手势，一个信任的微笑，都能打开学生渴求赏识的心扉，激发其进步的热情。

肢体语言是一种"此处无声胜有声"的交流方式。

肢体语言本身是丰富的，因为它可以传递丰富的信息。

肢体语言是生动形象的、经济便利的、富有实效的，它的特点决定它在教学中蕴藏了巨大的作用。

在教学活动中，教师上课时的讲话语气、眉目神情、举止态度等都可能对学生产生影响。教师的肢体语言是吸引学生注意力的一项利器。因此，作为一名优秀的教师，不但要"言传"，还要"身教"。肢体语言的教学方式，可以说是一种"多感官的教学法"，非常符合现代教育的潮流。

因此，教师教学除了用嘴巴表达意思之外，还应该运用各种恰当的肢体语言来表达自己的思想，用恰当的肢体语言来弥补口头语言的不足。唯有如此，才容易使学生产生情感共鸣，从而更易激发他们的想象，收到更好的教学效果。

美国加州圣荷西州立大学的一位心理学教授 James Asher 在 1966 年提出了关于肢体语言的教学法。他认为，肢体语言的精髓为：以口头发号施令、给予指示，并辅以肢体动作示范帮助听众了解指令的意义，等学生充分了解语句的意义时，再以肢体动作作出正确的回应。此举不但减轻了开口的压力，更累积了足够的信心。Asher 深信，学生大量听力信息的接收与肢体动作反应的结合，能使学习的印象更深刻持久。

而在我们传统的教学活动中，老师通常是以说话及板书的方式将想要传授的课本知识传递给学生的。关键是，从前只要传统的讲述法来解释课本的内容就可以了，现在再这样却是不够的。作为教师，还要展现教师的肢体魅力，运用肢体动作来吸引学生的目光。所以，教师的肢体语言在教学中的运用是不可或缺的。想让学生专心致志地上课以及获得教学上的顺利，就要看你怎么去运用自身的肢体语言了。今日的教师就如同孙悟空一般，要学会 72 变，甚至更多的招式来抓住学生的心。

老师走进教室时，让学生产生第一反应的就是你肢体上发出的热情邀请。当学生对你的眼神、动作有了相应的反应，就说明你与学生沟通的渠道已经开始畅通了。当你站在讲台上时，你的身份就是一个现场直播节目的主持人，就是一个知识的传播大使，或者说是一个知识的扮演者。你的一举一动、一颦一笑、一个眼神甚至一个手指的指向，都将成为你的表演道具。从来没有一个主持人，仅凭着动动嘴皮子，就能拿到金嗓子大奖；从来没有一个演员，仅凭着动动嘴皮子就能拿到奥斯卡奖的；同理，我们也难以想象，一个优秀的教师，除掉了他的肢体语言，他如何能成就优秀？肢体语言是你现成的教具，是你最富表情的流露，是你满怀爱心的晴雨表！

肢体话言教学的方法：

1. 目光凝视。

目视是非常有效的教学管理办法，也是营造良好教学氛围的方法。教师善用眼神的接触，才能掌控教室的状况。这个动作经由练习，不但能预防学生不良行为的发生，而且能使学生有种被重视的感觉，教师也能借此表示对学生行为的赞同或反对。

一个有经验的教师，一定会适时地用目光扫视教室的每一个角落；教师的目光能从学生脸上得到回馈的答案，并能给表现优良的学生予以褒扬；更重要的是，它能掌控教室状况，尤其能对行为失序的学生给予适时的警告。

面对教师警示的目光，学生通常会收敛自己不当的行为。一个在课堂上行为失序的学生，通常会以低头移开自己的眼光作为响应，这种响应的结果，当然会使失序行为随之停止。得到这样的结果，无疑是教师的胜利，因为教师可因此保持上课的效率及良好的课堂气氛。

很少有其他肢体行为比眼神接触更能传达出掌握全局的样子。有技巧的教师会持续扫视整个教室，并与每位学生的眼神接触。固定视线常使许多人不安，师生之间也是如此，而且当教师注视学生时，学生常会避开教师的目光。即使这样，注视也并来失去效果，至少学生知道教师正看着他们，并且一直注意他们所有的行为，不论他们的行为是好是坏。

对一个有经验的教师而言，他（她）可以很巧妙地应用他（她）的目视功力。但是对一个刚出道的教师而言，他（她）很难将目光持续地投射于某一特定学生的脸上，因为那将造成该教师的困窘压力。但是，适当且适时地使用目视，是教师对学生提供褒贬的示意，也是教师以"脸上表情"来应付行为失序学生的重要先遣动作。

2. 身体靠近。

身体接近有实时的效果。上课行为失序的学生，多数都是位于距离教师较远位置的一群。通常距教师上课位置较近的学生，鲜有失序作怪的。研究发现，当教师身体走近行为失序的学生身旁时，多数的学生都能迅速回归正道，纵使教师是一言不发地走近。

当然，走近学生也需要有技巧，当教师迅速走向行为失序学生时，那就是一种御驾亲征的效应，这可从学生匆忙的直接响应得到有效的证明；如果教师是轻移地接近，那种效果当然是大打折扣了。教师亲身走近学生，除了可以及时阻止并改正学生的不当行为之外，也可为学生提供适时的帮助与解答，因此，这不失为一种纠正学生不当行为的好办法。

### 3. 身体姿态。

身体姿态是身体语言最外显的表征。学生可以由教师的身体姿态很快地解读教师的情绪。教师的这种身体姿态表现在教学上时，主要由声量的强弱与语调的高低可以得知：一个有洪亮声音的教师，终究是强势领导的象征，相应的教室气氛被部分顽劣学生横向干扰的机会将相对地降低；而一个声音有气无力的教师，通常是行为失序学生干扰的绝佳对象。另外，一个教师站立或走时的状态，通常是其身体盈虚的最佳诠释，亦值得注意。不过，教师若偶尔生病，有时反会使学生转为支持与关心，因而这也可能是塑造一个良好教室氛围的契机。

### 4. 脸部表情。

教师的脸部表情，如同身体姿态，是显示信息给学生的直接表征。教师的脸部表情能够显示许多信息给学生：奖赏、同意、反对甚至批评等，都可以由此管道输送给学生。因此，教师的脸都表情，无疑是一种重要的肢体语言表征。

脸部表情在传递非口语信息时具有很大的功能。好的脸部表情能传达真挚、诚恳、温暖，使学生如沐春风，鼓励学生表现出良好行为；相反的，脸部表情也能显露出厌恶、嫌弃、烦恼，这些都会触发不良行为的发生。现列举几个在教室中常用到的脸部表情，教师在运用时要注意如下要点：

轻轻摇头——能事先制止不良行为的发生。

皱眉头——表示"疑惑"、"不赞成"。

闭紧嘴唇成一条直线——指出老师的忍耐已到了限度。

时时表现出亲切、温暖的态度，让学生感到老师的平易近人和亲和力，而非高深莫测和冷漠。

当老师发现学生对于显露的信息表错情、会错意时，应立即辅以其他方式，如口头说明、手势等来更正，以免导致不良行为发生。

5．手势示意。

多样化的手势，正是一个有经验教师的重要法宝。教师常借着适当的手势，以吸引学生的倾听，并借以营造适当的教室气氛。有经验的老师都会使用许多不同的手势来奖励或是制止学生行为。这在老师与学生有相当的默契时，成效更大，如伸出食指放在嘴巴上，表示"安静"，这连幼儿园的小朋友都会立刻明白并安静下来。

著名的教育学博士王淑俐曾提出做手势的基本原则，现介绍如下：

双臂离开身体，才显得大方。

手指合拢，才显得有精神。

依自己的身材决定手势的大小，不要过于夸张，也不要显得小气。

手势要多变化，有时劈掌、有时握拳、有时交握、击掌等，但也不要太过频繁，让人眼花缭乱。


6．体态语的表达方式。

每个老师其实都有自己特殊的体态语表达方式。笔者在这里就把一些优秀教师做得比较好的体态语介绍给大家。

拍拍孩子的头，给他一个会心的微笑。

与学生来个击掌，让学生充满成就感。

给孩子额头上贴个小粘纸，书本上印个小图章。

用眼神表达关爱，用微笑当做奖励，用抚摸传递喜爱，用惊奇表示赞赏。

学生读得太轻时，把手放在耳边侧着头，提醒学生读得稍重些。

轻轻的拥抱，让孩子的内心充满喜悦。

和学生握握手，祝贺学生的精彩表现。

整节课的微笑，会给学生带来愉悦的心情。

当然，教师在借鉴这些常用体态语时，应针对不同问题、不同情况、不同学生的风格，抓住时机去启发、去赏识、去激励、去反思，才能充分发挥体态语言的积极功能。

# 言传

有一位教育家曾经指出："世界上任何人也没有什么东西能比孩子们的眼睛更加精细、更加敏捷，对于人的心理上的各种微妙变化更富于敏感的了。"

在学生的眼中，老师就是他们的楷模和典范，老师的品德、能力、兴趣、心态、情绪、个性、行为方式等都对学生有着强烈的感染力。因此，老师只有做出榜样，在思想、道德、学术、言行、仪表等方面为学生树立典范，才能有力地说服学生、教导学生、感染学生、熏陶学生，才能增强学生模仿的正效应，也才能真正促使他们进步。

我国著名教育家张伯苓，有一次看到一个学生因抽烟熏黄了手指，对学生提出了批评。

这个学生反问道："老师，你不也在抽烟吗？"

张伯苓当即和这个学生立下了"君子协定"，率先戒了烟。

这个学生见老师决心这么大，很快也戒了烟。

由此可见，老师具有率先垂范的作用，优秀的老师是学生成长道路上的楷模和导师。

著名教育家乌申斯基认为，任何章程、任何纲领，无论设计得多么精巧，都不能代替老师在教育事业中的作用。

因此，老师的工作具有强烈的典范性，自己以身作则的效果要比强令要求学生如何做要好得多。

老师被喻为人类灵魂的工程师，要塑造学生的灵魂，就应该首先净化自己的灵魂；要培养学生的健康人格，就应该以自己的高尚人格率先垂范。

这就要求老师事事处处做到以身作则，不需要有多少特殊的举动，就如同流水淌在自己的日常行为里。

例如：物品的归类、书籍的排列、书包的整理、缝补的纽扣、家电的安全、时间的安排，等等。就是这些不显眼的小事，在无形中影响着学生，会让学生产生模仿的效应，成了学生行动的榜样。他们也因此从内心深处敬佩你、爱戴你、信赖你。

老师正确美好的行为会给学生以潜移默化的影响，老师的言行是学生最好的教材，以身作则是老师达到教学成功的最直接、有效的方法。而在教育工作中，客观存在着一些老师其身不正、偏要正人、己所不欲、硬施于人的现象。

如要求学生节约，办公室却经常点长明灯；上课时把整根粉笔往讲桌上一摔，断成好几节，再用新的；要求学生升旗时严肃认真不说话，老师们在后面不但说话而且声音很大；夏天在操场上开校会时，同学们烈日当头照，老师们却躲在阴凉处，三个一群，两个一伙，谈笑风生。

老师是人类心灵的开拓者，智能田园的播种者，更是人类文明的传递者。

当我们站在三尺讲台上，当我们走在校园小路上，或是当我们谈笑风生时，我们的一言一行、一举一动，都将成为学生效仿的榜样。也许你只是不经意扔下一支粉笔头，学生就会觉得浪费并不可耻；也许你只是偶尔用方言责骂一名同学，其他的同学就会肆无忌惮的以此作为攻击他人的武器；反之，当你默默捡起教室地面上一小张纸片时，同学们就会自觉弯下腰来拾起地上的垃圾。

伟大的人民教育家陶行知先生曾经说过："要学生做的事，教职员躬亲共做；要学生学的知识，教职员躬亲共学；要学生守的规则，教职员躬亲共守。"他对老师的要求提出了很多精辟的论述，并躬行实践，表现出特有的高尚人格。

学生就是教师的镜子。面对着像白纸一般等待着我们去绘画的学生们，我们有什么理由不去加强道德修养，形成良好的行为和思想、高尚的情操和人格呢？我们有什么理由不为人师表、不以身作则，以优良的德行引导学生，获得学生敬重和爱戴，从而起到潜移默化的教育作用呢？

所以，当你正在为如何使学生的举止更文明而感到烦恼时，不如从自己身上着手吧！

## 身教

为什么身教比言传更重要呢？

从心理角度分析，这是因为身教不同于单纯的言传，它具有形象直观性、动情性和个性影响的系统性。由于形象直观，身教就为学生的思维发展拓展了从感性到理性，从理性再到实践的认识道路，身教就容易被学生接受。

从人的意向活动来分析，身教更具有言教所无法比拟的强烈的动情性。动情就是触动情感。动情决不仅仅是言教所能实现的，而且必须由教师的全部人格来实现。身教不能光有客观的必然性，在身教的实践过程中，教师必须努力创造条件，身教才能如愿以偿。

教师的身教不同于家长的身教，教师的身教代表着人类文明传递中的社会价值，教师的身教首先是靠集体的智慧和品质、集体的意志和情感来实现的。如果教师集体是勾心斗角、倾轧嫉妒、诋毁贬斥的，那么，其身教结果是不会好的，如果教师集体是取长补短、团结友善、互相支持的，那么它所进行的便是强有力的、志同道合的集体身教，必然能影响出良好的学生集体。凡要求学生做到的事，为师者必须首先做到，要使教师集体成为一个积极向上、团结奋斗的强有力的战斗集体，从而使学校的教育教学质量有很大的提高。

身教还要重视师生之间建立正常的人际关系，教师板着面孔，学生敬而远之，施教者不会收到效果。苏霍姆林斯基认为："教师的大喊大叫，并不能收到预想的结果，有时反而会引起学生的消极反抗。"因此，如果忽视了师生之间的人际关系，即使是严格律己、德才兼备的教师，其身教价值也会大打折扣。为了更好地教好学生，光有知识是不够的，应当运用；光有愿望是不够的，应当行动。教师要付诸百分之百的努力，处处为人师表，把自己的形象塑造得更加完美，使自己的一切行为成为学生的表率。

有这样一个案例：

一天下午，我正讲着课，突然"哇"的一声，小明同学吐了一地，时值盛夏，一股难闻的气味立刻充满整个教室，小明同学脸色苍白，汗珠从额头上渗出来，痛苦地趴在桌子上。见他这样，我的心紧紧地揪在一起。同学们的表现呢？有的捏鼻子，有的扇着书驱赶气味，有的竟然起哄："熏死了，熏死了！"面对这一场面，我心里"腾"地一下子就火了："同学生病了，这么多同学就没有一个能主动站出来帮忙，还幸灾乐祸，你们还有点儿人情味吗？"我真想狠狠地教训他们一顿，杀杀他们的歪风邪气，但经验告诉我：这可是全校有名的乱班啊，出现这样的情况，并不新鲜。有的学生怕脏，不愿帮忙；有的学生怕讽刺，主动出来帮忙怕其他同学说他"装好人"。对于这样的班集体，粗暴的责备和训斥是不能从根本上解决问题的，即使我的责罚暂时生效，也不会维持几天，反倒会拉大师生之间的距离，给以后的工作造成障碍。

我疾步来到小明面前，掏出自己的手帕，一边为他擦汗，一边询问病情，确认是因感冒所致，我的心才稍微放松了点儿，于是，我拿起笤帚和撮箕，从外面取来沙子，清扫呕吐物。"身教重于言教"，教室里很快静了下来，大家的目光都集中在我身上，有的惊讶，有的满脸羞色……班长和另外两个班干部连忙接过我手中的工具接着打扫。我布置学生们上自习，马上带小明同学去了医院。

从此，班级里同学之间互相关心、互相爱护蔚然成风。

前苏联著名教育家加里宁说："教师的一举一动都在最严格的监督之下，世界上任何人都没有受过这样严格的监督。"学生对教师持有的敏感和信赖，使他们在看待教师时往往戴有"放大镜"，教师每一个高尚行为都会令他们无比兴奋和欣羡。

教师的行为是社会文明的体现，想知道一个国家的整体素质，评价全体教师的素质就可以知晓，案例中的老师做得很好，在关键时刻，能够控制自己的情绪，保持清醒的头脑，把问题处理好。她深知对于这个全校有名的乱班，粗暴的责备和训斥是不能从根本上解决问题的。或许大喊大叫能让学生暂时平息，但并不能收到预想的结果，因为新时代的学生，逆反心理比较强，有时可能会引起学生的反抗，这对建立正常的师生关系有很大影响。这位老师身体力行，并且达到了满意的效果，何乐而不为？

事物都是对应的，当你想要别人做出令你满意、符合你标准的事，首先你自己要能够做到，这样才有资本示范别人，让别人尊重你。

## 不去厌恶学生

"这个学生太烦人了，一天到晚不停地问这问那，上你的课不就完了吗？瞎操心干什么？"

"这个学生真讨厌，我一见他就烦，教上这样的学生倒了八辈子霉！"

"我实在看不惯这学生，小小年纪就整天穿名牌，要'显摆'回家里去，谁不知他家里有几个臭钱。"

教师厌恶某个学生，一见就烦，原因大致有以下几种：

一是学生学习不努力，考试成绩差，却爱打扮，被教师斥之"臭美"；二是不遵规守纪，教师好说歹说他就是不知悔改，被教师称为"屡教不改"；三是学习差，又常犯错误，却毫不知耻，被教师认定是"寡廉鲜耻"；四是目光充满敌意，给人感觉内心十分阴暗，令教师见而生厌；五是长相在教师审美能接受的范围之外，且对教师冷漠疏远，似有很深的成见。

以上情况，不一定仅其中一种表现在某学生身上，也可能几种情况兼而有之。那样的话，这学生就更令教师厌恶了。

从人的本性讲，都喜欢相貌赏心悦目的，讨厌丑陋狰狞的；喜欢听话顺从的，讨厌忤逆敌视的。这是再正常不过的事情，教师焉能除外？换言之，教师厌恶某个学生，是很正常的事，但教师的职业道德不允许将这种厌恶形之于外，更不允许将它变成歧视性教育行为。

教师与学生在人格上是平等的，但教师是教育者，与学生又是教育与被教育的关系。这就决定了教师独特的职业规范：不能歧视任何学生，这是二者人格平等所决定的；必须履行自己的教育管理职责，这是二者教育与被教育的关系所决定的。

教师应当具有被教育者不可能具备的教育俯瞰水平和教育智慧，不能将自己降低为被教育者。不能平等对待学生，对学生表现出掩饰不住的厌恶，就是把自己降低为被教育者的具体表现。教师之所以是教师，意义就在这里。

教师厌恶某个学生，如果表露出来，让学生感觉到教师很讨厌自己，那么这个学生必然心怀愤恨，处处悖逆教师的教育和要求，破坏教师珍视的班级秩序和其他有价值的东西，走上与教师对抗的道路。

像"学习不努力，考试成绩差，却爱打扮，被教师斥之'臭美'"的学生，从人格平等的角度来说，把这个学生置换成一个教学成绩差却"臭美"的教师，教师对她还会目露厌恶吗？显然不会。教师对教师，即使心里厌恶也决不会表露出来，因为二者在人格上是平等的。可是对学生，有些教师就不会这么"收敛"了。

地位上的"平等"决定人的"平等"，是很多人的错误观念。不幸的是很多教师也有这种观念，认为学生与自己"地位"不同，因而等级有差，所以不能平等对待。这是很多教师与学生关系紧张的思想根源。

还是回到那个令教师厌恶的"臭美"的学生，如果教师见了她就掩饰不住自己的厌恶，她必然对教师也报以敌视，甚至故意在班里捣乱，让教师生气。如果教师再处理失当，那么这个学生很可能会做出更加失去理智的事情，以致毁掉自己。

如果教师懂得尊重学生，同时又具有教育俯瞰水平和教育智慧，会真心和她进行审美交流，探讨她美在那里，什么色彩和样式的衣服适合她，她会觉得老师和自己有共同语言，这个老师真好。在这个基础上，如果教师再委婉提出希望她不要过分在意穿着，指出她的不足及努力的方向，她起码会把教师的话听到耳朵里。再加上教师方法得当工作到位，她或许会慢慢向好的方向发展，最终成为让教师喜欢的人。

至于"目光充满敌意"的学生，这种学生确实让教师厌烦。教师的心理是：以前互不相识没冤没仇，你这样看我，从哪儿说起呢？真是讨厌！

这些教师的思维活动不应该到此为止，应该顺着往下推想，才会发现问题不像自己想象的那么简单。我与他无冤无仇，他这样充满敌意地看我，肯定是此前曾遭受过类似于我的人的深深伤害。换句话说，他可能以前遭受过教师的深深伤害，因此对所有的教师都抱有敌意。

明白了这一点，教师就应该给他更多的关爱。哪怕一开始他并不接受这种关爱，教师也不应当灰心停步。总有一天会让他发现，他过去的遭遇具有一定的偶然性，生活不会永远定格在那个时期，应当用积极的态度来生活学习，应当用善心和爱心来对待他人，这样自己才幸福愉快。

未成年学生的可塑性就在这里，教师职业道德的重要性也在这里。有人说："教师的工作可以改变一个学生，改变一个人，改变一个人的人生。"这话是千真万确的，只是我们当教师的要警醒：我们可以把学生变好，也可以把学生变坏。

教师一登上讲台，就应当摒弃以往自己当学生时的思维和心态，提升自己进入教师角色，用教育者的眼光重新看待眼前的学生。当觉察到自己对某些学生已经产生厌恶感的时候，千万要提醒自己，不要忘记自己教育者的身份和职责，切忌对学生冷眼恶言，造成不应有的恶果。

最后记住："力"的作用是相互的，你烦学生，学生会更烦你。

# 第四节　与家长做好交流

## 家长会

家长会，是学校工作的重要组成部分。开好家长会，应该是班主任的基本功。但作为班主任，我们有多少家长会是成功的、精彩的？又有多少家长会能够发挥应该发挥的作用，能够达到预期的效果呢？所以我们有必要将"如何开好家长会"作为我们新时期班主任工作研究的一个课题，让家长会这个教育环节变得无限精彩。

**1. 热情的邀请函。**

班主任应在开会前向家长发一份热情、真诚、目的明确的家长会通知书。让家长们有来的冲动和欲望，来得有准备、有目的。

例一

尊敬的家长：您好！您的孩子升入了新的年级，您感觉他（她）有什么变化吗？他（她）适应新的老师吗？欢迎您本周五来学校作客，看看我们的孩子的表现，与老师和其他家长谈谈您的困惑、您的教育体会和您的经验。

例二

家长同志：期中考试刚刚结束，您一定非常关注孩子的成绩和孩子在学校学习生活的情况吧。孩子长大了，在家肯定会有与以往不同的表现，您可能也会有些问题想跟别人交流。希望您能在百忙中抽出时间参加我为您和孩子组织的座谈会。期盼您能带来宝贵的教子经验与大家分享。

**2. 精心地布置教室。**

当家长们置身在一个充满温馨、气氛热烈、主题明确的环境时，当看到自己孩子系统、真切的各项学业展品时，他们一定马上会被这种氛围所包围，很容易走进孩子和教师的世界，为进一步的交流和沟通打下基础。

一般来说，前黑板书写家长会主题，如"学校与家庭是一对教育体"、"为了孩子的明天"、"如何评价您的孩子"等，最好配以合适的插图，以起烘托之效。

后黑板可以让孩子们为家长设计一期与主题相呼应的板报，当然教师最后要把好质量关。

座位的摆放，最好不采用秧田式，可采用口字形、回字形、弧形、椭圆形等。

桌面上可摆放孩子的作业、日记、作品、奖状等，还可以放上孩子们为父母精心准备的礼物、贺卡等。

教室四周的墙上贴上孩子们的优秀习作、毛笔书法作品、手工作品等。

还可以根据主题内容，让孩子们为班级装点一些鲜花、气球、爱心卡片、爱心树等，烘托一下气氛。

还可以搞一个图文并茂的展板。可以是教育教学成果展示，也可以是孩子们的心里话，也可以是素质教育剪影。

### 3. 丰富多彩的会议形式。

新型家长会中最重要的，是教师角色的转变：由以往当"家长的家长"、一个人口干舌燥却常常徒劳无功地唱"独角戏"，到教师、家长、学生共同唱一台戏。开会时不再是教师站在台上、家长坐在台下，而是采取更多的亲和形式。学生也不再成为永远的"缺席被审判者"。下面列举几种家长会的召开形式：

交流式：就教育中的共性问题进行理论探索，或做个案分析，或开经验交流会。

对话讨论式：就一两个突出的问题进行亲子、师生、教师与家长的对话。

展示式：展示孩子的作业、作品、获奖证书或学生现场表演等，让家长在班级背景中了解自己的孩子。

专家报告式：就学生入学后某个阶段或某个共性问题，请专家做报告并现场答疑，以提高家长的教育素质。

联谊式：教师、家长、学生相聚在一起，用表演等欢快的形式，共同营造和谐的气氛，增进感情和了解。

参观游览式：学生、家长、教师一同外出参观游览，在活动中发现问题，促进沟通。

### 4. 别出心裁的开场。

万事开头难，一个好的开端可以一下把家长吸引到我们的活动中来。好的开端就是成功的一半。下面举两个例子：

例一："自行"的游戏。先用布蒙上几位家长的眼睛，然后请他在教室走一圈，摸索中请他的孩子去搀扶。在行走过程中，不能用语言交流，只能以动作暗示。游戏结束，班主任道出设计游戏的初衷："家长们，你的孩子就是在黑暗中摸索的人，永远需要你和我们的呵护与帮助。在我们的共同帮助下，相信他一定会走出黑暗，奔向光明的未来！"从而引出孩子和家长要互相理解、互相关心的主题。

例二：以诚实为主题，解决学生出现的考试作弊问题、抄作业问题、说谎问题。班主任在一个月前先发给每个学生一粒炒熟的不会发芽的种子，让学生回家后将这粒种子种下，并告诉他们一个月后的家长会上每个学生都要把这粒种下的种子发的芽带上，让家长们帮助评比一下哪些同学的种子发的芽好。

在家长会上，班主任首先让家长们看看哪些学生的种子发的芽好。肯定会有一些弄虚作假的学生把其他种子发的芽拿来评比。然后班主任揭开谜底，告诉家长给学生们的都是不可能发芽的种子，所有拿来发了芽的种子的同学都是不诚实的。之后引出诚实守信的主题。

### 5. 开放性网络家长会。

随着多媒体计算机和网络技术的发展，我们越来越多的学校开始把网络和教育结合起来。于是就有了网络家长会。

在召开网络家长会前，我们可以将学校情况、班级情况、学生情况、学生的心理烦恼、优秀学生的学习经验、家长学习资料、家长留言、任课教师情况及电子信箱等放在班级网页。家长可以随时点击班级网页，察看自己孩子的情况和其他相关资料。在网络上家长可以与教师、孩子、其他家长进行交流和讨论，也可以在网络上的"家长论坛"栏目中发表自己的见解。家长还可以通过优秀学生的学习经验和家长学习资料获取知识，教育引导自己的孩子。

这种家长会不受时间限制、内容丰富、方法灵活，能激发家长、学生主动参与家长会的兴趣，创设民主、平等、和谐、愉快的氛围，增进家长、教师、学生三方的感情和相互理解，最终达到提高教育效果的目的。

家长会是实施素质教育的重要载体。但是，过去的家长会，讲学校成绩多，给家长提要求多，告状多；家长参与的少，老师表扬的少，相互交流的少。结果，家长会变成了一言堂、告状会。会后家长们多数是对学生训斥。所以，学生不愿意、家长不高兴。如此家长会，必将加重学生的逆反心理，不但达不到预期的目的，反而带来了副作用。因此，传统的家长会形式必须进行改革。新型的家长会能进一步促进学生发展性评价体系的建立，深化教育评价制度的改革。

"尊重"是教师与家长沟通的前提。尽管在教师与家长关系中，教师起主导作用，但他们在人格上是完全平等的，不存在尊卑、高低之别。因此，教师必须尊重学生家长的人格，特别是要尊重所谓"差生"和"不听话孩子"家长的人格。对教育过程中出现的问题，首先要从自己身上找原因，还要客观地分析问题的症结所在，公正地评价学生的表现和家长的家庭教育工作，与家长共同研究解决问题的方法。

教师不要动辄就向家长"告状"，不要当众责备他们的子女。作为教师，更不能训斥、指责家长，不说侮辱学生家长人格的话，不做侮辱学生家长人格的事。否则会造成教师与家长之间的隔阂甚至对立，还可能引起学生对家长或教师的不满，损害教师的形象，降低教育效度。尊重别人是自尊的表现，也是得到别人尊重的前提，正如常言所说："敬人者，人恒敬之。"

"倾听"是教师与家长沟通的艺术。任何教师，无论他具有多么丰富的实践经验和深厚的理论修养，都不可能把复杂的教育工作做得十全十美、不出差错。而且随着整个民族素质的提高，家长的水平也在不断提高，他们的许多见解值得教师学习和借鉴。加之"旁观者清"，有时家长比教师更容易发现教育过程中的问题。因此，教师要放下"教育权威"的架子，经常向家长征求意见，虚心听取他们的批评和建议，以改进自己的工作。这样做，也会使家长觉得教师可亲可信，从而诚心诚意地支持和配合教师的工作，维护教师的威信。

# 家访

家庭访问是班主任老师最基本，也是十分重要的工作。班主任通过家庭访问能够了解家庭、了解学生，掌握孩子成长的规律和特点。家访也能使老师与家长沟通，形成教育的合力，使孩子能在学校教育下健康成长。有的家访是老师为了调研孩子出现不良习惯与行为的原因，与家长一起探讨、设计改正孩子缺陷的方案等。因此每次家庭访问都有明确的目的，事先做好充分准备，没有与家长深入的交流与沟通是无法达到预期目的的。

班主任的家访是涉及教育学、心理学等知识，内容十分丰富，技术操作性很强的一门科学，做好家访工作显然是相当繁重的，家访前必须充分准备，确定家访的时机。为了提高家访的效果与质量，班主任应该不断提高家访的技巧与艺术。

### 1. 家访目的清晰，认真做好案头。

学生以教学班编入一个班级后，班主任与这个班级的学生家长就形成了一种工作关系。老师联系家长、进行家庭访问就是班主任的一项日常工作。家庭是孩子第一所学校，父母是孩子第一任老师，父母的文化、个性、品行和素养与孩子的成长有着密切的关系，家庭对孩子潜移默化的影响不可低估。因此班主任在研究学生的同时首先要了解、研究家长。

班主任家访前必须事先有计划、有准备，可以写出家访设想，根据访问的目的与要求，家访一般有这几类：了解性、反馈性、探访性、调研性。了解性家访是在新生到校前后，老师需要了解其家庭成员、社区环境，了解孩子的现在与过去、特点及个性，这类家访必须做到100%的访问。反馈性家访是根据孩子的现实校内外表现，与家长即时沟通、反馈，有利于家长配合教育。探访性家访是老师带着问题去观察、思考。调研性家访是老师带着研究课题，以探访形式在聊天中发现问题，积累素材。

家访应该有明确的要求，访问后要做好笔记与摘要，这些都是宝贵的教育资源，从中可以摸索与寻找学生成长的轨迹。

### 2. 选择有利时机，达到预期效果。

家访既有预定计划也有临时动议，决不是毫无目的。特别是当学生发生了偶发事件后，班主任在怎样情况下与家长取得联系，能够达到最佳的效果，这是班主任的技巧与艺术，家访一定要改变原来传统告状式访问，避免师生之间产生隔阂。因此，班主任对于特殊的访问必须要选择时机。

所谓时机就是班主任选择访问的最恰当、最有效果的时刻，有时候它能达到出乎预料的效果。例如一位平时学习较差的学生，经过老师的帮助后有了进步，一次他在测验中偶然取得70分，这个分数在班级里是极为普通的，但是老师分析后，认为这是他重大的突破，肯定有进步的原因，应该表扬、又值得研究。此时班主任上门家访，既向家长报喜，又肯定家庭近期教育效果，对家长和学生都是一种激励。

### 3. 掌握沟通技巧，注重家访质量。

家访是人际沟通的一个方面，既是沟通，那么它必有方法和技巧。家庭访问也有它的规范、技巧与艺术。例如班主任与家长谈话时要集中精神、学会聆听，说话把握分寸、留有余地，对于表现较差的学生，应该先扬后抑、正确评价等。班主任在访问前要认真"备课"，做好充分准备，熟练地掌握家访技巧，访问后能使家长对孩子充满信心，对老师增进信任，这样的家访是有成效的。家庭访问一定要注重质量，不求数量、不赶时间。没有效果地访问20家，不如有效果、能解决问题地走2家。

### 4. 约定时间恰当，做到礼仪规范。

教师是人类灵魂工程师，受到人们的尊重，她不仅担负着教育下一代的责任，而且更重要的是日常生活为人师表。孩子在幼年时的成长主要是以模仿为途径的，教师应该成为孩子成长的榜样力量。

老师们应该以精神文明使者的形象出现在社会，出现在家长的面前，家庭访问必须严格规范。例如不少学校在家访中明确提出家访应该："事先预约，必须准时；面带笑容，可敬可亲；不便时间，不宜上门；尊重家长，树立威信，等等。家访的规范、礼仪要求是很有学问的，这些还有待于各校老师在实践工作中积累、总结与创新。

# 第六章　发展篇：

## 身心健康　均衡发展

俗话说，身体是革命的本钱。老师和家长在催促孩子拼命学习的同时，也要注意关注孩子的健康问题。我们要给孩子留出空余时间去放松、休息，让孩子在劳逸结合、张弛有度的状态下正常前进。那些只强调学习成绩，不给孩子喘息机会的做法，只会让孩子变成一个毫无知觉的机器和一个为了成绩畸形发展的工具。到头来，老师家长费了很大的功夫，孩子也牺牲了很多正常放松的机会，学习成绩却依然未见好转。出现这样的情况，不仅是孩子的悲哀，更是家长和老师们的悲哀。

孩子是祖国的未来和民族的希望。作为教育工作者，就是要把孩子培养成德、智、体、美、劳、能等各方面全面发展的人才。对于学生的孩子的健康问题，我们过去在认识存在极大的偏差，往往认为健康就是指身体健康。其实，孩子的健康应该包括两个方面：身体健康和心理健康，二者都是孩子成材的基础，也要均衡发展，缺一不可。

均衡发展是当前教育教学方面提出的一个崭新的教学理念，这对于提高全民族素质、全面提高教育质量有着十分重要意义。同样的道理，在教学过程中实施均衡发展教学理念则是促进学生健康成长、全面提高教学质量的基础。贯彻落实这一理念，教师应恪守以下原则：面向全体，是教学均衡发展的基本内涵；了解学生，是实现均衡发展的重要保证；因材施教，是实现均衡发展的根本途径。

让孩子有一个健康的身心吧，他们是一个个值得尊重的生命个体，不是学习机器，不是帮助家长和教师实现他们某一目的的工具。让我们在新时代的要求下调整自己的教育方法吧，教孩子爱上学习的同时，也帮他们好好爱惜自己、善待自己。

# 第一节　注意劳逸结合

## 学生疲劳的预防与消除

疲劳是指由于活动过于强烈或过于持久导致效率下降的一种身心状态。学生尤其在复习阶段，不分昼夜的苦读，强制自己在疲劳的情况下坚持学习，常会出现颈、臂、背、肩与手指的酸痛不适和学习效率下降。同时，感受到有一种疲倦感。主要特征：全身疲惫，关节僵硬，肌肉酸痛，注意力不集中，记忆力和思考效率下降，大脑反应迟钝。为了确保学生能拥有一个良好的精神状态和身体状况来学习，教师需要帮助同学有效地克服疲劳。

（一）学生疲劳形成原因：

1. 睡眠不足。

许多学生不顾白天紧张学习的大量消耗，贪求灯下用功，往往看书到深夜，以至睡眠不足，打乱了人体正常生物节律，终日昏昏沉沉。

2. 学习内容过多过难。

学习内容过多，一定会占用休息时间，导致睡眠时间缩短；学习内容过深，需要大脑进行紧张的思维活动，致使大脑疲劳。另外，过难的内容也会影响到学生的复习兴趣，加速疲劳的形成。

### 3．心理压力过大。

由于来自社会、学校、家长和自身的压力过大，学生总是担心考不好怎么办，整天在焦虑的状态下度过。这样不仅直接影响到学生的休息，而且会使精力不能集中，导致学习效率下降，不能完成学习计划，反过来加重学生的心理压力，使学生更容易产生疲劳。

### 4．学习方法不当。

学生平时不注意科学用脑，学习方法一成不变，使大脑受到抑制，也容易出现疲劳。

### 5．营养不合理。

学生不注意饮食，导致大脑缺乏所必需营养物质，造成大脑疲劳。

### 6．不良的学习环境。

光线不足或过亮导致视觉疲劳，噪声过大，使学生注意力分散，室温过高或过低，使学生身体感到不适。

（二）科学用脑：

疲劳预防的最佳方法是保证充足休息时间，但是它不是最有效的。由于考前学习任务重，学生不得不延长学习时间。预防疲劳最重要的是讲究用脑艺术，做到科学用脑。

### 1．用脑原理。

（1）人的大脑有左、右两个半球，左半球负责数、理、化等逻辑方面知识；右半球则负责绘画、音乐等创造性方面的内容。

（2）大脑皮层上还细分为听觉区、视觉区、写作区等各个语言中枢。

（3）一定的心理活动总是发生在大脑的某个特定部位，而与此无关的皮层区域则处于相对静止状态，当某一种单一活动强度过大或时间过长，就会引起该区域皮层疲劳。

2．科学用脑。

学生在学习过程中。要善于变换学习的内容或使内容丰富化。应避免单科学习时间过长，要使各科交叉安排复习。这样可以使大脑皮层各区域轮换休息。

（三）如何预防疲劳：

1．学会休息。

休息可分为安静休息、活动休息和交替休息。安静休息是指睡眠和闭目养神。活动休息也称积极性休息，如散步、打球和轻微的体力劳动等，也可以与他人聊天。交替式休息是指将各种不同性质的学科交叉在一起来学习，如文、理社会性穿插复习，这样，大脑皮层的神经细胞不仅不会疲劳，而且还会有相互促进的作用。

2．合理安排学习内容。

学生把每天要复习的内容按难易程度有意穿插开，复习一些有难度的内容，接着复习些相对容易的内容。

3．改善学习环境。

学生在选择环境时，光线不能妨碍视力，学习场所要安静、整洁，桌椅要舒适等。

4．音乐疗法。

在消除疲劳过程中，情绪因素很重要。积极向上、乐观、愉快的情绪能加速消除疲劳。优美的音乐能振奋学生情绪，引起轻松愉快的感觉。学生在学习间隙或学习之后，可以通过听音乐来达到消除疲劳的目的。但是，所听音乐必须是没有歌词。音乐中如有文字的话，文字信息将进入大脑，影响大脑的休息。另外要注意的是，学生在听音乐时，不能边听边想其他的事，必须陶醉于音乐中，这样学生才能完全放松，使疲劳得到彻底的消除。

# 休息是为了更好地学习

学习和休息在人的一生中是相辅相成的关系。著名革命先行者李大钊先生对此有句经典的论断："学就要学个踏实，玩就要玩个痛快。"休息的方式很多，可以是饭后短暂的校园漫步，可以是课后短暂的音乐享受，可以是周末短暂的游山玩水，等等。总之，学生有必要利用一切应该休息的时间全身心地投入休息。良好的休息的直接作用就是给接下来的学习提供必要的精力保障和清晰思维。

而目前学生在休息和学习问题上主要存在着两个现象，一个是自控力不够，休息太多，客观上忽视了学习，属于比较贪玩的一类，这是必须控制的；另一个是学习自觉，利用一切可以利用的时间，却忽视了休息，这样导致的一个直接结果就是大脑没能得到必要的放松和休息，自己的内心以及情绪也未能得到必要的放松，犹如一根只知道绷紧的弦一样，物理学知识告诉我们，这样只会让弦很快老化，很快折断。学习同样如此，如果不能适当地、恰当地放松，其效果自然是事倍功半的。

在具体的工作中，一部分老师强调对学习的重视不仅多，往往忽略了学生还需要适度的休息。这样一来，首先学生有心理压力，感觉是被强迫学习，其次，学生当发现自己一段时间学习效率不佳，学习情绪低落的时候，自然会产生厌学的情绪，最终导致的结果就是整体效果不好，这样的教师也就好心办了坏事。

所以，作为一名教师，完全有必要让学生明白学习和休息同等重要的理论。但只给理论不行，因为一般学生，在如何利用时间学习方面还有一定的习惯，但如何利用时间休息方面却很少思考。所以，教师在强调休息的时候，重在强调休息的重要性和如何更好地把握适当的休息时间。除了正常的睡眠休息外，教师还可以从以下几个方面引导学生：

第一，课余休息。安排课后10分钟的目的是给学生调节思维，让思维短暂休息，为接下来的课程积累精力。如果上课用心听讲了，下课10分钟是相对比较疲惫的，所以，更是要好好利用这短暂的10分钟给自己一个状态调整。调整的方式很多，比如听歌，暂时的打盹，伏台休息，闭目养神等都是可取的方式。但总有少数学生会在教室大声喧哗吵闹，所以，针对下课 10 分钟，教师在做休息指导时一定要明确哪些现象不能在课间 10 分钟出现。

第二，周内休息。每周一到周五都紧张地学习，这不利于保证学生更好的学习效率。教师应该在这五天内开展一些能对学习起润滑作用的活动，从学生的身心发展来讲，可以考虑开展适当的体育运动，一方面抵消学习上的疲劳，另一方面也加强了学生的身体锻炼。

第三，周末休息。周末是老师和学生都盼望的。作为学生来说，如何利用好周末同样是值得认真思考的一件事情。教育部规定中小学周末不能补课，那么到了周末该何去何从呢？人都有惰性，总希望自由，周末是学生最自由的时间，但因为学生阅历和控制力有限，所以周末同样是学生最容易出事的时间。所以教师尤其要做好周末休息的教育。针对目前社会对人才能力方面的需要，教师要做好恰当的战略指导，规范学生的周末，让学生渡过丰富而有意义的周末。

比如，在学校连续学习了五天，书本知识是得到锻炼了，但视野却相对地缩小，和社会又隔离了五天，所以，可以考虑指导学生多逛商场，多逛书店，学会多砍价，学会和生意人辩论，学会和陌生人打交道，等等，这些是在书本上学不到的，却又是学生一走出社会就一定会遇到的。利用好这个时间，就可以培养学生良好的适应社会的能力。

在学校紧张地学习了五天，天天面对学校的自然景观和人文景观，从美学的角度讲，谁都会有审美疲劳。所以，教师可以指导学生几个人一道，到学校周边的一些风景相对较好的地方去兜兜风，去观赏一下美景，去发现一下自然界中的美好的东西，感受大自然的熏陶，对开阔视野同样很有帮助，对培养学生对祖国大好河山的感情也是有很大帮助的。

也许有老师会觉得，这样做会让学生心很散，会对学习不利，其实，学生都是能明白事理的人，只要老师做好必要的指导，尤其是心理上的指导，让学生在时间的控制不违背中学生原则两个方面认真对待，让学生明白必须注意这两个方面的重要性后再去实践，其效果是非常明显的。

# 第二节 适当进行体育锻炼

## 重视体育课

　　全国第二次国民体质检测结果显示：在我国学生身高、体重、胸围增长的同时，超重与肥胖检出率继续增加，成为影响学生营养健康状况的一大因素。具体表现在：7 岁到 22 岁的汉族学生中超重和肥胖率继续增加。其中城市男生的超重率达到了 13.25%，肥胖率比 2000 年增长了 2.7 个百分点；青少年视力不良现象突出。

　　强健的体魄是搞好学习的前提。没有强健的体魄，要取得好的成绩只是一句空话。学习是智力因素与非智力因素的相互作用的过程，学习能力也就是智力因素与非智力因素的合力。体育锻炼不仅能增强体质，提高身体素质，而且能加大脑的血液循环，提高载氧量，从而帮助学生能有一个良好的身体、愉快的心情去投入学习，并且获得较高的学习效率。

　　大量的心理学试验表明：学生的疲劳，心理负担偏重是由于失望和失败所造成的。当他们失望和失败之后，又不能很好地分解和缓冲这些情绪，产生"否定自我"的倾向，表现为缺乏自尊和自信，行动消极、被动和退缩，具有较强的依赖性，容易产生不安全感。要提高学生的心理健康水平，就要提高学生的自信心和受挫的能力。而提高学生的自信心和受挫的能力是从小就应该开始的并且长期的过程。通过开展身体活动，可以更好地提高学生的心理健康。

　　通过身体活动增加学生自信：体育教学实践中，我们发现，年龄越小的孩子，身体活动的能力就越是他的一切行为的基础，特别是小班幼儿，他们能做什么，不能做什么，主要取决于其身体活动的能力。因此，孩子对自己身体活动能力的接受和肯定程度对于他们自我意识的形成是极为重要的。那些身体活动能力较强、能够独立完成多种体育活动的孩子，往往会形成肯定的"自我"概念，对于生活中所遇到的其他问题的解决也具有较强的自信心，而且行动积极、主动。相反，那些动作迟钝、身体活动能力较差的孩子，在体育活动中就常常会遭受失败。因而他们也常常会产生否定的"自我"倾向，表现为缺乏自尊和自信，行动消极、被动和退缩，具有较强的依赖性，容易产生不安全感。所以，对学生进行合理的体育教育，有助于增加自信，使他们建立健全的心理素质。

何为合理的体育教育，那就是学生可以做得到的，他们自己认可的、喜欢的体育活动，包括一些游戏和一些低难度的竞技活动。教师就要了解学生的运动水平，结合他们的兴趣，开展这些活动，帮助他们更好地进行体育活动。

通过身体活动平衡大脑的兴奋与抑制：从生理上讲，大脑是学习的器官，学习过程就是大脑活动的过程（即心理反映过程），合理的学习会促进大脑机能的发展。相反，偏重的课业负担使大脑始终处于疲劳状态，大脑皮层的兴奋与抑制失去平衡。因此，那些心理脆弱的学生可能会产生注意力不集中、记忆力下降、失眠、多梦、神经衰弱、精神恍惚、反应迟钝等神经功能症。

在与学生的访谈中发现，当前学生面对繁重的学习任务，所表现出的精神状态不佳，与年龄不相称的学习心理负担，让一些孩子处于"心理亚健康"状态，主要表现怎么看书都看不进去，怎么学习也学不好，效率太低。在课堂学习上有严重的倦怠心理。加强体育教育课程的完善，使学生的课程更加合理。这样，可以使学生的大脑得到充分的休息和平衡，更有利于学生提高学习效率，加强自信心。

通过身体活动调节学习情绪：前南斯拉夫教学论专家鲍良克说："情绪调节着学生对教学的态度和积极性，情感环境决定学生在教学中的注意力，有兴趣、满意、积极、精神振奋，还是冷漠、不满足、散漫、压抑。"

学生最信赖老师的判断力，对自己学习情况、能力水平的认识往往依赖于教师的看法，这样教师的期待之情对学生便尤为重要。它是对学生心灵上的支持，学生从中看到希望，获得自信、勇气和力量。体育教学活动多变，动作复杂，难度较大。学生在学习动作时经常遇到各种各样的困难。这时学生心中往往产生消极情绪、退缩心理，对原本有能力完成的动作丧失信心，自认为做不下来，而不愿继续努力。

教师要细心观察学生的变化，对他们的活动有合理的、正确的评价，使他们能更好认识自己。对部分学生的良好转变，要及时地充分地给予肯定。使学生保持积极、认真的情感。

通过身体活动提高学生社会适应能力：体育课主要是一种身体活动课，实践课体现了一种开放式、灵活性的特征，以课堂"小社会"的形式存在。学生要以班级、小组或个体参与运动实践，个体或群体为达到某种目的，彼此配合、互相协调与对方进行较量，展开竞争、服从规则。在组合进行合作或对抗中，或给予保护和帮助，并要承担各种角色。如："追者和被追者"、"组织者和被组织者"、"决策人与被决策人"，社会角色的预演和体育活动特殊的规则效应，使学生学会控制与自控、服从与顺应，从而提高社会适应能力。

综上所述，我们可以得出这样的结论：发展学生身体活动能力，有助于提高学生心理健康水平。通过实践，我们感到在体育活动中培养学生的自信心是可行的，而且是行之有效的。体育活动能增加学生自信、平衡大脑学习的兴奋与抑制、调节学生学习情绪、提高学生社会适应能力，从而有助于提高学生心理健康水平。

信息时代和知识经济时代的到来，对作为未来建设者和接班人的青少年的科学文化素质和身体素质的要求也提高了。在全面推进素质教育的过程中把社会健康渗透到各学科教育中去，体育也不例外，体育作为学校素质教育不可缺少的组成部分，担负着提高少年儿童身体素质的主要任务，而社会健康教育也是体育的教育目标之一。因此，教师在日常的教学工作中，必须有意识、有目的、有计划地对学生进行社会健康教育，寓社会适应教育于体育之中，这就要求体育教师必须把握当代少年儿童的个性心理特征和思想品德状况，认清社会健康教育是体育教学目标的重要组成部分。

# 室内调节

1. 单侧体操法。

由于人脑左右两半球在功能上显著不同，学生在学习时，一般左半球的生理负荷要比右半球重。科学研究证明，单侧半侧的体操锻炼可以消除对侧半球的疲劳。具体方法：

（1）站立并目视前方，右手紧握拳，右腕用力，屈臂，慢慢上举到最大限度，还原，重复 8 次。

（2）右腿伸直上举，然后倒向右侧，但不能挨地，还原重复 8 次。

（3）右臂向右侧平举后再上举，头不能动，然后左臂上举，平举还原，重复 8 次

（4）翘起脚尖，象俯卧撑那样用腕和脚尖支撑重复 8 次

## 2. 疲劳防治操

由于学生复习过程中最普遍的姿势是坐姿，由于身体前倾，呼吸浅，肺活量减少，物质代谢功能也随之下降，从而形成疲劳。学生如果做一下疲劳防治操，则可以在短时间内消除疲劳。具体方法：

（1）做些挺胸直背的动作，同时用手臂绕圈。

（2）身体后屈，伸腿、臂，伸直用力摆几次。

（3）慢慢地做几次头绕圈的动作，然后轻轻按摩颈肌、肩胛肌。

（4）深吸气，然后慢慢地呼气。

（5）两手臂下垂，做几次手的动作，松紧手指，两手腕放松抖动。

（6）离开座位，走动走动。

# 第三节　寓教于乐

## 游戏

有相当一部分学生，学习基础差，学习积极性不高，因为目前传统的教学方法于他们而言，枯燥无味，学起来没兴趣，于是，一种无法控制的厌学情绪就产生了。而对于象棋、麻将、扑克等这些传统的和现代的电子游戏、网络游戏等，他们却是那么的迷恋，可以通宵达旦，可以废寝忘食。

为什么？因为游戏是人类的天性。看至此，亲爱的教师们，你们有没有想过在课堂上运用游戏进行教学？有没有想过在同一课堂上运用多种游戏进行教学的方式？如果把学习带进了游戏活动中，或者说，把游戏带进了学习当中，那么，学生就会如鱼得水，在水中快乐地游动。

是的，确实有这么一种教学法——游戏教学法。它非凡的寓教于乐的魔力将令所有的教师不得不刮目相看。游戏教学法是茫茫大海中的灯塔，是无边黑夜中的光芒。它是所有干渴的心灵久盼的雨水，它是传统教学法下学生们那长久的梦。传统教学法的弱势在于不停地重复，千篇一律的方法令人昏昏欲睡。学生们的内心深处在企盼着一种改变，企盼着一种新颖的教学方式。而游戏教学法正好填补了这个空白。

为了冲破应试教育的樊笼，很多教育界的有识之士提倡回归"愉快教学"。这个口号实际就是鼓励我们应该选择让游戏与教学"接轨"。游戏是人类的本能，游戏让学生更容易接受教学内容，从而使教师能更好地完成教学任务。游戏教学法的魔力，在于能使学生在激烈的竞赛中，在无比的兴奋中，甚至是在刺激和上瘾中，不知不觉地学到教材中的内容，或者学到青少年必须掌握的知识。实践亦表明，游戏教学是深受学生喜爱的教学方式。

美国心理学家布鲁纳认为："最好的学习动力是学生对所学材料有内

在兴趣，而最能激发学生兴趣的莫过于游戏。"游戏教学就是教师融合了特定教学内容于游戏活动中进行教学，不仅变静态教学为动态教学，使学生轻松、愉快、有效地掌握知识、发展能力。

运用游戏进行教学，不仅能够活跃课堂气氛，使学生心情上既轻松愉快，又学会了知识，充分激发他们的学习兴趣及学习主动性，培养学生的创新精神。

运用游戏进行教学，能帮助一些学生克服"羞于启齿"、"消极"、"自卑"等不良心理，能让他们怀着浓厚的兴趣去进行游戏，从而改变自己的性格弱点。

运用游戏进行教学，不仅促进了师生之间的情感交流，增进了彼此之间的了解，更有利于提高教师教学的效果。

总之，游戏教学能使学生真正感到学习的乐趣，使学生对自己的学习充满信心；游戏教学能符合学生们的生理和心理特点，让他们在游戏中玩、在游戏中乐、在游戏中学、在游戏中益智、在游戏中成长；游戏教学能使枯燥的语言及数据转变为学生乐于接受的、生动有趣的游戏内容，激起学生的学习情绪，开发学生的自主学习能力，培养他们的创新能力；游戏教学能够调节课堂气氛，吸引学生主动参加课堂实践活动，强化学生多方面的能力，使教学变得生动、丰富，使课堂变得有趣、活泼，从而可以收到令人满意的教学效果。

各位教师，请你们一定要把游戏贯穿进你们的教学中去，因为游戏教学法能带来又一个春天！

游戏教学中的注意事项：

**1. 紧紧结合教学内容。**

游戏的设置必须与教学内容联系起来，课堂才会生动，才会达到教学的目的。这在上面的案例分析中已经说明，这里就不多叙述了。

**2. 调动每一位学生的兴趣，让师生共同参与。**

影响学生在课堂学习中的兴趣和情感的因素有：教师本身的能力、良好的心理素质和灵活的教学思想。

作为整个教学过程中的组织者，教师在创造良好的课堂气氛中总是起着重要的作用。在课堂教学中，教师如何做好示范表演，组织好学生并进行课堂教学，达到教学目的，那就要讲究方法和艺术了。

当教师发现课堂气氛及有的学生的学习兴趣低下时，运用灵活多变的教学方法，如游戏比赛、调换角色、唱英文歌等来调动学生学习的积极性，就能使师生共同投入，彼此协商，互相交流，进而帮助学生逐步掌握教学内容。

### 3. 创造轻松愉快的学习环境和气氛。

游戏教学能营造一种让学生感到轻松的气氛，让学生在欢悦中尽情吸收知识，开拓思维能力，感到是在"玩中学，学中玩"，让他们获得心理上的满足，从而增强了学生们的学习兴趣和信心。这样一来，课堂气氛"活"起来了，学生也"活"起来了；学生的学习效率提高了，教师的教学效率也提高了。

### 4. 学习的良性竞争需要游戏。

在网络时代，学习的交流形式越来越多样化。但是，教学中的集体活动，无疑具有最直接、最生动的凝聚力，对于形成学习型组织是非常有利的。这种学习型组织能够让学生"合作中有竞争、竞争中有合作"，并拥有一个健康的学习心态。

### 5. "接轨"不等于替代。

游戏教学有很多好处，但是学习知识这个根本目的是不能忽略的。在看到游戏对于课堂的促进作用的时候，我们同样不能夸大它的作用，毕竟教学不能等同于游戏，游戏必须围绕教学内容进行有机的组合。

游戏的负面效应我们多少都有一些切身体会，一味地沉溺其中，反而造成弊大于利。所以，在运用游戏教学的时候，我们应该进行合理性的界定，不能"买椟还珠"。

因此，形式不能大于内容，避免出现得不偿失的后果。比如，地理拼图竞赛可以与课程同步进行，但是教学是前提，也是游戏必须回归的目的——让学生掌握中国行政区划的基本知识，不能变成单纯的拼图竞赛（比如仅仅比赛速度）。

# 第四节 适时进行心理疏导

## 给封闭情绪一个出口

封闭情绪是指学生将自己与外界隔绝开来，很少或根本没有社交活动，除了必要的生活、学习以外，大部分时间将自己封锁起来，不与其他同学、老师来往。有封闭情绪的学生一般来说都很孤独，没有朋友，害怕社交活动，在他们心中有一道"防火墙"，不准任何人走进去，自己也不走出来。

（一）封闭情绪的类型及成因

1．沟通障碍型自我封闭。

有一类学生很少讲话，不爱与人沟通，这并不是他们真的不愿意与人交往，而是不知道如何与他人交往。他们只愿意以各种形式与自己交谈，比如写日记、诗歌、散文或自言自语。这类学生对老师和同学缺乏信任，存有戒心，他们总是设法逃避一切集体活动，不愿意与同学交往、合作。

2．缺陷型自我封闭。

这种类型的学生一般学习成绩比较差，或是某一方面的能力比较弱，或是身体有缺陷，比如残疾、相貌不佳等。这些原因使他们变得过度内向，不愿意与人交往，害怕在交往中受到嘲讽、挖苦和伤害。

3．敏感型自我封闭。

有些学生生性多疑，对同学和老师的言行总是过分敏感，这让他们常常陷入痛苦和焦虑中。他们对同学的善意帮助持怀疑态度，对老师的教育怀戒备心理，总是愿意一个人独处。

### 4. 假性型自我封闭。

所谓假性型自我封闭是指学生突然受到某种外在因素的刺激，情绪发生波动，但没有明显表露出来，而是把心门关闭，排斥他人的帮助，独自承受内心的痛苦与悲伤。

冉冉本是个活泼开朗的女生，她兴趣爱好很广泛，学习成绩特别是文科成绩很好，和同学、老师的关系也很不错。但是自从升入初三后，她的班主任发现，冉冉在上课时经常发呆、走神，几次对她提问，她都吭哧半天不回答。以前冉冉一下课就和同学玩得很开心，可是现在的她总是独自坐在座位上不言不语，一副心事重重的样子。班主任问她发生了什么事，她总是摇头不语，这显然是出现了封闭情绪。

班主任经过多方了解后发现，冉冉之所以由活泼外向变成了沉默不语，是因为家庭问题——她的父母性格不合，想要离婚。冉冉由于受到这种刺激而变得沉默了，出现了封闭情绪。

这就是假性型自我封闭情绪，它有自闭症的倾向，但是却没有发生实质性的病变。如果老师能够及时发现并进行疏导，就能够排除这种封闭情绪，使学生重新敞开心扉，沐浴在阳光中；如果老师没有及时地发现这种情绪并加以疏导，很有可能演变成真正的自我封闭或抑郁症，成为严重的心理问题。

### （二）对封闭情绪学生的管理策略

邹老师的班上有一个学生叫洋洋，他学习情况中等，但偏科现象严重：数学比较差，但非常爱好文学，喜欢自己创作一些诗歌。他大多数时候不太爱说话，做事显得小心翼翼，只是在朗诵诗歌或发表文学见解时显得自信、大胆。

近来邹老师发现洋洋上课的时候精神越来越不集中，常常走神，总是看与上课内容无关的书籍。经过一段时间的观察，邹老师发现他在课余时间和同学们的交往越来越少，很少说话，也不爱参加集体活动，总是一个人独自坐在座位上看书或发呆；他的学习积极性也有所下降，尤其是数学成绩下降明显，很多次测验都不及格。同学们还向邹老师反应，洋洋的行为太女性化，同学们都不爱和他交往。

通过观察和了解，邹老师觉得洋洋出现了封闭情绪，究其原因可能是以下几点：毕业班的学习太紧张，他一时难以适应；父母溺爱，但缺乏与孩子的思想交流；热爱文学，但阅读的作品内容消沉，范围狭隘；喜欢文学创作，但在同学们中间得不到肯定，自卑感强烈；学习跟不上，尤其是教学成绩下降，使他丧失了信心。

这只是邹老师自己的分析，并不代表洋洋产生封闭情绪的真正原因，为了帮助他疏导这种不良情绪，邹老师从以下几方面着手：

## 1. 寻找产生封闭情绪的真正原因。

邹老师和洋洋的家长取得了联系，了解他在家中的表现。洋洋的父母说他回到家后总是一个人待在房间里，与家里人的交流很少，父母也缺乏对洋洋的理解和鼓励。

邹老师还与班干部谈话，了解洋洋的情况。班干部反映说洋洋原来很爱表现，有哗众取宠之嫌，大家都不太爱和他交往。有一次洋洋在班里朗读自己写的诗，有一个同学当众讽刺了他，可能从那以后洋洋就不太爱说话了，而且上课也提不起精神。

邹老师又找到数学老师询问，数学老师说洋洋上课时听讲越来越不认真，成绩也每况愈下，有一次自己在课堂上当众批评了洋洋。

邹老师还了解到洋洋有一个比较好的同学，他只和那个同学亲近些，话也多些。于是邹老师又找到那个同学了解情况。那个同学说，洋洋最近情绪低落，很少说话，偶尔交谈的时候，他话里面的悲观情绪也很严重，总觉得自己的价值无法体现，不被别人认可，而且洋洋阅读的书籍也多是一些比较消极的内容。

通过多方面了解，邹老师认为洋洋产生封闭情绪的原因和自己先前的分析是吻合的。

2．多次和洋洋谈话。

为了减少洋洋的心理压力，邹老师多次和他到学校旁的小公园里散步谈心。他从洋洋最感兴趣的文学谈起，谈散文、诗歌、小说和洋洋最喜欢的作家。

一开始，洋洋对邹老师是持戒备心理的，不太愿意和老师说话。但是慢慢地，他的戒备心理就消除了，对邹老师信任起来，他开始谈及内心的苦闷：成绩上不去、怕考不上好学校、没有人理解他等。

邹老师从洋洋的言语中发现，洋洋还是没有放弃学习，也有考大学的愿望，但是他所看的一些书中大都表现了作者对人生的悲观或对社会的失望等，这时洋洋产生了负面的影响。

邹老师希望洋洋能为了考试暂时减少课外阅读的数量，并且把阅读的对象逐渐转变为一些内容积极的书。

经过多次谈话后，邹老师发现洋洋已经愿意和自己主动交流了，并且也很信任他，更难能可贵的是，一种积极向上的精神正逐渐在他身上体现出来。

3．和其他学生进行沟通。

邹老师找到班干部和一些同学，希望他们利用集体的力量关心、帮助洋洋，多鼓励他、多接触他，这不仅可以打开洋洋封闭的心扉，更可以为同学们营造一个和睦、宽容的学习环境。

邹老师还组织了一次班会，主题是"谈谈心目中理想的班集体"。同学们都畅所欲言，洋洋在邹老师的鼓励下还朗读了自己创作的诗歌，同学们给予了热烈的掌声。

从那以后，每次晚自习时，班长都经常和洋洋在一起讨论问题，而洋洋和其他同学的关系也越来越融洽。

4．和洋洋的父母沟通，了解成因。

邹老师找到洋洋的父母，和他们进行了一次沟通。通过这次沟通，洋洋的父母认识到了多与孩子交流的重要性，他们表示今后除了对孩子生活上的关心外，一定要经常和孩子进行交流，多谈论一些孩子感兴趣的话题，多了解他的思想发展变化，并经常和邹老师取得联系，共同帮助洋洋健康成长。

**5. 和数学老师沟通，一同建立洋洋的自信。**

邹老师和数学老师取得联系，希望数学老师多给洋洋一点耐心和时间，让他战胜对数学这门课的恐惧心理，从而赢得自信心。

邹老师还鼓励洋洋有什么疑难问题就多去请教数学老师，不要把问题积攒成堆。

通过一段时间的疏导与矫正，洋洋的情绪逐渐稳定，并且积极向上，各方面都有了明显的转变。在学校的联欢会上、操场上、教室里，处处都可以看见他忙碌的身影、爽朗的笑声和自信的神情，他学习的劲头十足，数学成绩也提高了。

最后，洋洋考入了一所大学，所有人都替他高兴。有一次，邹老师遇到了洋洋的父亲，得知洋洋已经大学毕业了，并且和同学合伙开了一家公司，平时还是喜欢做一些文学创作。听到洋洋现在的情况，邹老师十分高兴，一个曾经有着封闭情绪的学生终于打破了心中的那道"防火墙"，用积极的态度去面对人生了。

封闭学生因其封闭的原因不同，其表现也会不同。具体表现如下：

**1. 人际关系障碍。**

有封闭情绪的学生在其他人眼中是不合群的，不喜欢和同学、老师交往，经常逃避集体活动，被迫参加集体活动时也表现得与集体格格不入，独自待在一个角落，不能融入集体中。

**2. 不会分享感受。**

一般的学生有情绪波动时喜欢表露出来，比如，考了好成绩兴高采烈，得到一样自己喜欢的东西就高兴地告诉同学；考得不好时向朋友倾诉，遇到困难时向师长求助等，他们能够将自己的感受与他人分享。

有封闭情绪的学生则不同，他们遇到高兴或不高兴的事情很少表露出来，更不会主动地告诉周围的人，让他们分享自己的快乐或悲伤，而是把所有的感受都默默地藏在自己心里。

### 3．不了解他人。

一般的学生愿意让他人了解自己，也愿意去了解他人。但是有封闭情绪的学生则不愿意主动地了解他人，也不太愿意帮助别人，表现为对他人的漠不关心。

### 4．不爱说话。

有封闭情绪的学生很大的特点就是不爱说话，他们不会主动地找同学、老师交谈，当同学和老师找他们谈话时，他们也惜言如金，能说一句的就不说两句。

### 5．缺少目光交流。

一般的学生和他人交流的时候，目光总是平视他人，或者灵活多变。但是有封闭情绪的学生经常低着头，目光很少触及他人的眼睛，眼神中多有黯淡之情。

如果老师发现自己的学生有这样的表现时就要提高警惕，他们很有可能出现了封闭情绪。但需要注意的是，封闭情绪和医学上所说的自闭症不同，封闭情绪是一种情绪问题，通过老师的疏导、调节是可以改变的；而自闭症是一种病症，是需要经过专业医生治疗的。这需要老师认真区别对待，以便更好地开展教育工作。

自我封闭情绪是阻碍学生人际交往的一道鸿沟，影响同学间团结，给教育带来障碍；它还是影响学生前途的一只拦路虎，使学生的潜力得不到开发。要调节好学生的封闭情绪不是一天两天的事情，需要树立目标，循序渐进地逐步引导，慢慢纠正他们的思维方式。

上面案例中洋洋由一个有自我封闭倾向的学生转变为开朗积极的学生，邹老师可谓功不可没。从这个案例中，我们可以总结出管理学生封闭情绪的几大策略：找出学生产生封闭情绪的原因，多和学生谈心，联合班集体的力量，寻求学生家长的帮助，请科任老师协助。

这几大策略可谓是打破学生心理"防火墙"的法宝。有了它们，再加上老师的耐心，就不难使学生拥有一个充满阳光和欢笑的学生时代。

# 第五节　帮孩子树立终身学习意识

21 世纪是科技进步和知识创新异常迅猛的时代，知识更新和淘汰的速度明显加快、前所未有。一个人如果不及时学习和掌握新知识，将很快落伍于这个日新月异的时代。有专家预测：2020 年的知识总量将是现在的 3 至 4 倍；而到 2050 年，目前的知识总量只占届时知识总量的 1%。面对新的时代要求，我们再也不可能试图通过一段时间的集中学习就可以获得可供一辈子享用的知识技能，要彻底打破传统的学习观，树立学无止境、终身学习的新理念，倡导活到老、学到老。

如何应对急速变化的社会，极其重要的一点，就是要不断地学习，使终身学习成为每个人的一种生活方式和生活习惯，成为我们生存和持续发展的必要条件。教育评价不仅仅是为了"证明"和"选拔"，更重要的是为了"改进"和"提高"。成绩主要说明学习起点的新状况，而不是提供终结性的结论。教师在评价过程中，应该用发展的眼光看待每一个学生，调整评价标准，以促使学生的全面发展为根本，以培养学生终身学习的基本素养为目的。

## 让孩子建立终身学习意识

终身学习理念是对终身教育理念的继承和发展。对这一概念作了最具权威性的表述：终身学习是通过一个不断的支持过程来发挥人类的潜能，使人们有权力去获得他们终身所需要的全部知识、价值、技能与理解，并在任何任务、情况和环境中有信心、有创造地愉快地应用它们。终身学习是 21 世纪的生存概念。在终身教育的理念为越来越多的人所接受的今天，终身学习的理念从人与社会的关系即人如何不断地适应社会、如何不断地发展的角度阐释了人与社会的关系问题。"终身学习是人类开启知识社会大门、适应并且驾驭知识经济的一把钥匙。"如果说终身教育是为使教育观念与教育体制服务于知识经济社会的体现的话，那么，终身学习则是使社会成员适应知识经济社会的必然要求。

实现终身学习需要个人与社会之间的良性互动。一方面，个人要有终身学习的观念和能力；另一方面，社会要能够为个人提供进行终身学习所需的各种社会条件。这也就是说，终身学习理念的实现依赖于个人内部条件和社会外部条件的完备。教师在实现终身学习理念的个人内部条件和社会外部条件中扮演着非常重要的角色。终身学习理念给教师带来了非常重要的要求和启示：教师本身要是终身学习理念的身体力行者，是学生的伙伴，教师要在完备终身学习的个人内部条件和社会外部条件的过程中发挥重要的作用。

那么，要实现终身学习所需的个人内部条件是什么呢？我们试着进行分析：

### 1. 让学生热爱学习，对学习有积极的主观态度。

态度是学生对自己、对他人以及对自己所处文化背景的看法的反应。积极的态度有助于增强学生的学习动机，从而对学习效果产生积极的影响。学生要自愿地采取积极的态度对待自己的学习，即对自己的学习负责，并积极地投身于学习，以达到学习的目标。所以热爱学习、对学习有积极的态度是实现终身学习的最重要的个人条件。

### 2. 帮学生制定长、短期目标，以激励学生形成适应社会需要的能力。

目标是指人在一定时期内所期望达到的成就和结果。心理学认为，目标之所以在学习过程中能起激励作用，其主要原因是目标的确定能使人有明确的方向，从而能增加人做事的耐性，激发人的灵感，并优化学习资源的配置。短期目标是指一两个月或半年之内所要达到的学习目标，长期目标是指一两年或几年之后要达到的学习目标。有了明确的学习目标，学生才会有强烈的学习要求和发自内心的求知欲望，表现出良好的注意力和克服困难的意志。所以制定短期或长期目标以激励学生形成适应社会需要的能力是实现终身学习理念的重要的个人条件之一。

3. 对学习资源的获取能力。

现代信息技术在飞速发展，互联网技术、远程教育技术已在广泛应用，学生面对的是比过去丰富得多的学习资源。网络音像资料、影视、网络教育平台等丰富的学习资源既给学生提供了多种选择的机会，同时也要求学生要能够独立地选择适合于自己需要的学习材料，包括利用网络资源、参加各种培训、报名学习高等院校提供的继续教育课程等。因此，学生对学习资源的获取能力也是实现其终身学习理念的重要的个人条件。

为了培养孩子的终身学习意识，老师该如何对自己进行定位并应该从哪些地方入手呢？

## 1. 教师本身必须是终身学习理念的身体力行者。

教师的终身学习是摆在每位教师面前的一个不可忽视的问题，因为知识在不断地更新换代。要使自己跟得上时代发展的步伐，必须终身都要学习。只有通过不断学习，教师才能不断地更新自己的知识，才能掌握现代化的教学手段，传播先进文化，造就创新型人才。教师学习的内容非常广泛，包括学习专业知识、学习育人方法、学习教学技能等。可以从书本中学、从网络中学、从他人身上学、从教学实践中学，等等。知识是教师从业的资本，所以教师要注意不断地补充更新自己的专业知识，更新观念，拓展知识面，不断提升自己的整体素质，始终跟上社会发展的需要，成为热爱学习、终身学习的楷模，从而在实现终身学习理念的社会外部条件中起积极的作用。

## 2. 教师应成为学生的伙伴，实现从传统的教师角色向新的教师角色的转换。

旧的教育模式强调教师的知识垄断和经验，而终身学习理念下的教师必须要转变教育教学观念，建立新的教育观和师生观。教师要从以教授知识为主，转变为以指导、辅导学生的学习为主，成为学生学习的帮助者、指导者。教师不再是知识的权威，而是"学习的促进者"，或者说是学生学习的伙伴或朋友。为此，要尊重学生的情感和意愿，关心学生的方方面面，接纳作为一个个体的学生的价值观念和情感表现，使学生掌握学习的主动性，树立学习的责任感，体验自己的学习成果。教师只有真正成为了学生的伙伴，才会最大程度地激发学生的潜能，培养学生自主学习的能力。

### 3. 教师应培养学生自主学习的能力。

自主学习是指在学习过程中，学生自己扮演主体角色，有独立的思想，可以根据自己的实际情况制订学习计划，知道怎样获取对自己有帮助的学习资源，善于与他人一起在学习中合作，并能够记录和管理自己的学习，提高学习效率，达到学习目标。教师对培养学生自主学习能力起着关键作用。

（1）培养学生的独立精神和合作精神。学生对教师的依赖越少，学生的自主学习能力就越能得到加强，所以教师要在课堂教学中创设一种宽松、和谐、充满信任的氛围，让学生敢于问问题，敢于发表自己的见解，以培养学生的独立思考能力，进而培养其独立精神。教师要强调相互学习、共同提高的重要性，要让学生明白教师不是知识的唯一来源，来自同学的反馈和来自教师的反馈同样重要。这有利于营造和谐、合作的学习气氛，让学生愿意进行小组活动，并在活动过程中相互学习，共同提高，进而培养合作精神。

（2）教会学生制订学习目标。首先，学生制订的目标要明确。按照学生当前的状态和他们要实现的理想状态之间的差距，教师应引导其制订出长期目标和短期目标。具体明确的短期目标能使学生集中精力，实现了目标以后能激励学生的情志，有利于他们制订下一步的短期目标以实现长期目标。明确的长期目标可以对他们起到持久的激励作用。其次，目标要适当，也就是目标要合理，不能太难或者过于简单。如果目标太难，会使学生产生挫折感，容易挫伤其积极性，使其产生悲观情绪，影响学习效果；目标太过简单，不费力气就可以实现，则不仅起不到激励作用，还不利于其后续学习。

所以，教师在指导学生制订学习目标时，要注意考察学生的学习状况，根据其当前的学习状况，指导他们制订明确、合理且切实可行的目标，以培养学生制订明确、合理的长、短期目标的能力。

（3）教会学生获取学习资源。现代教育是一个开放的系统。在现代教育中，由于教育环境的变化，教师已不再是学生获取知识的唯一来源。为此，在教学过程中，教师应通过指导学生搜集资料、分析资料、交流获取的资料来培养学生的获取资源的能力。在通常情况下，教师可以提供一个需要学习探究的问题，然后将学生分成若干小组，由小组成员学习用搜索引擎、用网络寻找信息，并对搜集到的资料进行检索和分类，进而探索问题，研究问题；或对网上的信息、资料进行筛选，提出自己的观点，最终掌握获取学习资源的能力。

（4）鼓励学生采用内省法和追溯法记录自己学习的情况，反思学习的方法和效果。内省法和追溯法是两种可以结合在一起使用的方法，即学生定期写下自己的学习感受，记录自己成功或失败的例子，并学着分析其中的原因，对学习进行反思和内省。在这个过程中，遇到难以解决的问题时可以向老师求教，从而方便教师对学生进行具体的指导。这样，经过一段时间以后，根据自己的记录分析学习的情况，找出自己一段时间以来学习的成功与不足之处，就可以为下一步的学习做好准备。通过这一做法，学生会对自己的学习有更好的了解，并考虑如何使自己的学习更有效率。这种方法有助于学生了解自己所采用的学习策略的效果，并且反省自己学习目标的实现程度，从而使自己成为真正的自主学生。